老年 優勢 基礎照顧管理

STRENGTHS-BASED CARE MANAGEMENT FOR OLDER ADULTS

Becky Fast & Rosemary Chapin　著

黃源協　推薦

陳伶珠　編譯

Strengths-Based Care Management
for Older Adults

By Becky Fast & Rosemary Chapin

作者簡介

Becky Fast, M.S.W., M.P.A.

Becky Fast 是堪薩斯州第三選區國會議員 Dennis Moore 選民服務個案工作的協同督導，過去曾擔任過堪薩斯大學社會福利學院助理教授暨長期照顧研究與訓練部主任，於一九九九年加入 Moore 選民服務處。她在堪薩斯大學取得社會工作及公共行政碩士學位。

Fast 為社會工作科系的學生及服務老年長者的照顧經理開發了許多訓練方案，尤其是在優勢觀點方面；此外，她也為堪薩斯老年服務部（Kansas Department on Aging）以及社會暨復健服務部（Kansas Department of Social and Rehabilitation Services）的實務工作者設計並帶領特定議題的訓練工作坊，如老年虐待、失智症及心理疾病方面。

Fast 任職於堪薩斯大學期間，曾與州立醫療補助（Medicaid）機構合作，進行多個州立養護機構以及居家、社區服務的方案評估；也曾在大學及研究所教授老人學及照顧管理課程，並在美國及國際的實務專題講座及研討會中發表報告。Fast 女士在養護機構、居家健康照顧機構以及醫院照顧服務方面，都有豐富的直接個案工作經驗。

Rosemary Chapin, Ph.D.

Chapin 博士是堪薩斯大學社會福利學院的副教授,她在明尼蘇達大學（University of Minnesota）取得社會工作博士學位。Chapin 博士在長期照顧領域有非常廣泛的教學、研究、政策及方案規劃經驗,她在明尼蘇達人群服務部（Minnesota Department of Human Services）的長期照顧單位有五年的工作經驗,她在那裡負責的工作,包括研究以及開發創新的長期照顧方案。

將優勢觀點運用在政策規劃及長期照顧管理的議題上,是 Chapin 博士教學及研究中很重要的工作重點,她也獲邀參與研究和提供訓練及技術支援,以幫助長期照顧實務者更有效地運作;參與的方案包括:針對面臨養護機構安置危機的孱弱老年長者提供居家及社區服務輸送的試驗系統、評估養護機構的收案篩選方案、與州政府人員合作發展針對養護機構內高功能住民的重返社區方案,以及開發並帶領長期照顧經理的訓練方案。

推薦者簡介

黃源協

　　黃源協教授在英國新堡大學（University of Newcastle upon Tyne）獲得社會政策博士，目前任教於國立暨南國際大學社會政策與社會工作系教授，也擔任人文學院院長，在大學部及研究所教授個案管理、社區照顧、社會工作管理等課程。此外，他曾參與「社會福利社區化實驗計畫」、九二一地震後「社區家庭支援中心」的推動工作，也經常擔任各地方政府委託辦理方案計畫的審查、評鑑委員，以及個案管理工作的評鑑，是一位願意將學術理論落實於實務工作領域，並協助實務工作者學習與成長的優秀學者。

　　他在社會工作及照顧管理領域方面出版了相當多的作品，包括《社會工作管理》（揚智文化，1999）、《社區照顧：台灣與英國經驗的檢視》（揚智文化，2000）、《個案管理與照顧管理》（雙葉書廊，2004）等，同時亦經常在《社區發展季刊》、《社會政策與社會工作學刊》等專業期刊介紹新興觀點及發表研究成果與專業論述。

編譯者簡介

陳伶珠

　　陳伶珠助理教授在國立暨南國際大學社會政策與社會工作系取得社會政策與社會工作博士，目前任教於弘光科技大學老人福利與事業系，也擔任該校「銀髮族全人健康照顧管理中心」主任，主要教授老人社會工作、照顧管理、社會工作理論、方案設計與評估等課程。在擔任教職之前，她曾在財團法人天主教曉明社會福利基金會擔任主任，也曾擔任護理之家主任，學經歷相當豐富且完整。1998 年通過社會工作師考試，領有社會工作師執業執照。

　　她長期從事老年照顧領域的相關實務工作，具有社區居家服務、日間照顧及護理之家等直接個案工作經驗，在非營利組織管理、專業督導、方案規劃與審查方面也有豐富的經歷，是一位在老人社會工作及長期照顧領域直接服務及行政管理擁有完整學經歷資格的專業人員。2003 年開始將優勢觀點的照顧管理模式引進老年實務工作領域，2004 年之後經常帶領優勢觀點照顧管理訓練工作坊，推廣優勢觀點到社會工作與長期照顧實務領域不遺餘力。

作者序

　　個案／照顧管理（case/care management）在有效延緩或預防老年長者及失能者安置養護機構方面已經獲得認同，在這樣的脈絡之下，美國許多州都有居家及社區服務方案，作為慢性疾病患者或失能者在被迫進入機構式照顧之外的選擇。隨著長期照顧系統朝向居家照顧發展，罹患慢性疾病的老年長者也開始要求更廣泛的醫療照顧服務。

　　因應這些需求，美國的老年及長期照顧服務領域趨向於擴大案主取向（client direction）的服務，優勢基礎照顧管理則在幾個方面與此趨勢相契合：(1)案主擁有更多控制與主導權；(2)探索及激發案主優勢以增進自立；以及(3)強調醫療、心理衛生及社會支持服務共同合作的重要性。

　　Charles Rapp 博士及 Ronna Chamberlain 博士早在一九八○年代就在堪薩斯大學社會福利學院（University of Kansas School of Social Welfare）針對嚴重且恆久性心理疾病患者發展優勢模式的照顧管理（Rapp & Chamberlain, 1985）。全國心理衛生研究院（The National Institute of Mental Health）很快地就肯定這個模式是對心理疾病患者重要的照顧管理模式之一。

　　照顧管理還是發展中的學科，相關文獻仍持續檢驗對弱勢族群（vulnerable populations）運用優勢基礎取向的效益，包括

接受長期照顧及居家健康照顧的老年長者、嚴重情緒困擾的兒童、心理疾病的成人，以及物質濫用者（Cowger, 1994; DeJong & Miller, 1995; Fast & Chapin, 1996; Perkins & Tice, 1995; Poertner & Ronnau, 1990; Pray, 1992; Rapp, Siegal, Fisher, & Wagner, 1992; Rapp & Wintersteen, 1989; Saleebey, 1992; Sullivan, 1989; Sullivan & Fisher, 1994）。第一本實務的書，就是由 Charles Rapp 博士在一九九八年主編的《優勢模式：嚴重及恆久性心理疾病患者的照顧管理》（*The Strengths Model: Case Management with People Suffering from Severe and Persistent Mental Illness*）。

在我們的教學及訓練經驗過程，我們發現非常需要一份訓練手冊，作為進行學習活動以及提供參與成員授課講義之用。因此，這本手冊是特地開發來協助行政主管或教師用來訓練員工或學生，學習優勢基礎取向以提供老年長者照顧管理；手冊就是要為目前（未來）提供居家及社區老年工作的專業人員而設計，幫助他們從優勢取向的觀點更進一步了解照顧管理。這本書主要是訓練者（教師）的指南，透過手冊內的訓練活動，讓學員能夠將優勢模式的照顧管理應用在那些經常被視為非常孱弱及弱勢的人身上。

推薦序

　　儘管個案／照顧管理在台灣社工界的發展相對上是較新穎的，但它所獲得的重視並不亞於傳統社會工作的三大方法，這種現象充分地展現於社工教學將它列為不可或缺的課程，愈來愈多的研究生撰寫相關主題的論文，以及此理念普遍實施於各領域的實務工作。在個案／照顧管理被引進台灣的這十餘年間，從早期文章式之基本概念的介紹，到國外個案／照顧管理專書的翻譯，再到本土個案／照顧管理專書的出現，皆彰顯出這種既關注個案也關注資源運用的工作方法的蓬勃發展。近些年來，個案／照顧管理在國內的發展更進一步往前邁進，亦即，學者們已開始強調一些異於傳統醫療／問題取向的新觀點和新理念，其中最常被提及的莫過於增強權能（empowerment）和優勢觀點（strengths perspective）。

　　當個案／照顧管理已逐漸普遍化之際，增強權能與優勢觀點理念的引進，讓我們可進一步地思考如何讓服務使用者能以更正向和更積極的態度，來面對自己不幸的遭遇，進而能夠真正的透過強化案主的能力，並經由「自我覺察」和「案主自決」的方式，以舒緩或解決其自己本身的問題。

　　發展於國外之新理念的引進，可激發我們省思當前的工作方法，當這些理念被認為是好的，且值得我們將之運用於實務

上時，首須面對的問題是要如何將理念化為實務。Becky Fast 與 Rosemary Chapin 兩位合著的 *Strengths-Based Care Management for Older Adults* 即是一本將增強權能與優勢觀點之理念化為實務的重要操作手冊。該書以深入淺出的方式介紹優勢觀點的概念，並將之運用於老人照顧管理的實施步驟中。作者於手冊中以單元的方式，按部就班地導引學習者進入優勢觀點照顧管理的領域，並以案例方式教導學習者思考如何將之運用於實務中。該書對個案／照顧管理在老人照顧的貢獻，相信任何人閱讀後皆會予以高度肯定的。

　　伶珠是一位實務經驗甚為豐富的實務工作者，特別是對老人照顧領域的執著與投入，幾乎已到將其視為終身職志之境。這位具備豐富實務經驗，且也對學術表現甚為熱忱的博士班研究生，在個人教授之「個案管理專題」的課程裡，選擇所指定閱讀之 *Strengths-Based Care Management for Older Adults* 一書後，即為該書能將甚為抽象的理念化為實務操作的靈活技巧所吸引，在深入省思其對國內老人照顧管理的發展之可能貢獻後，毅然決然地將這本手冊譯成中文版，且也熱心地帶領實務工作者進行實際操作。對她將理論與實務結合的決心與作為，著實為個人所感佩，也讓自己能以這位優秀學生為榮。

　　當個案／照顧管理在台灣已朝向普遍化之際，許多的實務工作者可能已面臨到要如何更進一步提升之瓶頸。這本《老年優勢基礎照顧管理訓練手冊》的出版，相信必可提供給此領域的實務工作者一股新的動力。且個人也相信本書將可提供給個

案／照顧管理的學習者，更具體的了解個案／照顧管理的實務，強化其學習的意願，增進其工作士氣，最終受益的將是那些迫切需要被照顧和關懷的老人及其家人。

黃源協

編譯者序

　　接觸這本書是由於國立暨南國際大學社會政策與社會工作系黃源協教授的推薦，並指定為修習「個案管理」課程的其中一本參考書，當時編譯者仍服務於「財團法人天主教曉明社會福利基金會」，擔任居家組主任一職。初次翻閱，覺得這本書實在有趣極了，簡單的主題及概念介紹，以及生動活潑的練習活動，讓原本生硬的照顧管理觀念很容易被理解，當下決定要與同工分享這本有趣又實用的小書。

　　優勢觀點的照顧管理與我們提供社區老人居家照顧服務的理念不謀而合——人性化服務，提升老年長者晚年生活的尊嚴、獨立與自主！但是對大多數的實務工作者來說，閱讀原文書仍存有許多心理障礙，為了激發同工學習的興趣，譯者與當時在機構實習的東海大學社會工作系碩士班學生詹譽賢及陳慧君一起合作，將本書的主要內容向同仁進行初步介紹。爾後，譯者在多次參與相關社區照顧與長期照顧機構的職工在職訓練機會中，向實務的專業人員、行政主管、志願服務工作者以及政府機關主管介紹優勢觀點的照顧管理，以及這本書的部分內容，獲得的肯定與迴響更激發編譯者願意將之完整翻譯，並酌予編輯，讓這本小書的內容能夠更貼近於台灣地區的實務工作者。

　　本書內容已經獲得多位老年實務工作者的肯定與認同，且

願意實際實踐於實務工作中，其中，以「財團法人天主教曉明社會福利基金會」為主的多位資深督導與社會工作人員，更進一步接受過黃源協教授及編譯者所帶領的老年優勢模式照顧管理的理論與實務訓練，願意將此模式推廣於老年照顧管理領域。

　　編譯這本書是基於提升整體社區照顧及長期照顧品質的理念，讓平日忙碌於實務工作的照顧經理及督導人員能夠在既有的照顧管理基礎上，更進一步應用優勢觀點的照顧管理於實務工作上；也盼望本書的譯成，能夠提供在大專院校教授照顧管理相關領域的教師，有一份生動活潑的教材，可以藉由活動與討論，讓有志於長期照顧領域發展專業生涯的學生能夠將優勢基礎的照顧管理模式落實在實務工作上，而這也是老年長者擁有獨立、尊嚴、品質晚年生活的起點。

　　照顧管理（care management）或個案管理（case management）在台灣地區的長期照顧領域有其特殊的發展脈絡，詳細介紹可以參考黃源協、陳伶珠、童伊迪的《個案管理與照顧管理》一書。本書遵照原著「照顧管理」（care management）一詞，稱照顧管理者為「照顧經理」（care manager）。

　　　　　　　　　　　　　　　　　陳伶珠

致謝

這本書如果不是因為 Charles Rapp 博士——堪薩斯大學社會福利學院的副院長暨教授，也是優勢模式照顧管理創始者之一，希望我們將這個模式運用在老年長者方面，將不會有完成的那一天！他相信我們有完成這份工作的能力，是一份我們永遠也不會忘記的禮物，他開啟我們潛藏優勢的能力，使我們相信運用優勢基礎取向具有使人恢復健康的力量。

我們要特別感謝堪薩斯大學校本部（Lawrence）社會福利學院，以及在 Topeka 的 Washburn 大學主修人群服務的社會工作系學生，他們學習優勢模式，並且提供許多很有幫助的建議；也要感謝醫療補助機構（Medicaid waiver）以及地區老人服務中心（Area Agency on Aging）的照顧經理對發展這個訓練方案的支持，將優勢觀點應用到他們日常的老年實務工作上。

最後，我們還要感謝堪薩斯大學社會福利學院的同事：協同訓練者 Diane McDiarmid，將她運用優勢模式在嚴重且恆久性心理疾病患者的經驗，提供我們許多資料；也要感謝 Wally Kisthardt 在協助開發優勢模式及相關訓練活動方面的貢獻；並且感謝 Jan Moore 協助編輯我們的文稿。

我們衷心希望藉由這個訓練方案，能夠幫助大家對老年長者有更深層的認識，老年長者即使是處在健康失能問題的情境當中，仍然可以展現令人驚異的復原力（resiliency）。

給訓練者的話

　　優勢的取向提供技術與工具來幫助照顧經理，將焦點放在案主的優勢與能力，而不只是看到他們的病理（pathology）、疾病或問題。照顧經理要能夠看到案主的優勢，並且創造一個環境讓案主能夠運用他們的能力去達到個人的目標。優勢模式根基於一個信念，即人們只有在符合其個人抱負（aspirations）、觀點（perceptions）及優勢的脈絡下，才有可能產生改變。

　　照顧經理將焦點放在老年案主的優勢及能力（capabilities），能夠幫助案主獲得掌控生活的感覺並且產生激勵。案主被視為有能力的（competent），且能夠參與照顧計畫的規劃及服務輸送的過程；如果照顧經理能夠與案主一起朝著案主自己所選定的方向，以及案主認為他們有能力且有意願的範圍內來努力，老年案主將會感受到一個全新的自信與獨立的經驗。案主被視為界定他們自己需求的專家，照顧經理的角色則是對案主的專家能力給予大力激賞！

　　優勢觀點「需要我們去發現這些人（包括我們自己、其他人，以及與我們一起工作的人）所擁有的能力，這些能力甚至可能連他們自己都不清楚……要看到哪裡做錯了，或者人們缺少了什麼，總是比較容易；但增強權能（empowering）的研究

（以及實務工作）試圖要去界定人們做對了什麼，以及有哪些資源是已經可以取得的，這樣才能增進資源的運用及擴展。」（Rappaport, 1990, p.12）。

訓練目標與期待

　　《老年優勢基礎照顧管理訓練手冊》是特別設計作為增進團體學員對照顧管理實務的了解，包括角色與責任、基本價值，以及發展特定的技巧，如會談、評量、照顧計畫及案主倡導等。身為一名訓練者，對您而言很重要的是，要了解學員期待從訓練中獲得什麼，同時也要明確說明您希望他們能獲得什麼。在一開始的時候就要釐清訓練的目的與目標，否則學員懷著未被滿足的期待，可能會轉為對訓練結果的不滿意；通常一開始就應溝通彼此多元的期待與目標，成年的學員與學校的學生不同，通常成年學員已經有部分或豐富的實務經驗，而且他們願意付費、撥出特定時間來參與訓練工作坊，比較具有學習動機及容易進入學習狀態，因此，訓練一開始的溝通非常重要。

　　整個訓練方案的目的，是希望提供直接服務工作者有關優勢基礎照顧管理的資訊、概念以及肯定，並在學習過程充滿樂趣。而對訓練者而言，優勢取向的資訊、概念及肯定是什麼意思呢？

- **資訊**（information）──以優勢觀點的立場，增進老年服務工作的實務知識與技巧。
- **概念**（ideas）──提供具體的概念、技術及特定的工具，以滿足照顧經理每天多樣化的助人需求。
- **肯定**（affirmation）──對照顧經理的努力給予再肯定（re-affirm），使其對工作保持喜悅與新鮮感；也幫助照顧經理及其督導能夠增進自己的實務技巧與方法。

完成這些訓練主題，學員應達成五個基本目標：

1. 對優勢基礎照顧管理實務有清楚的概念認識。

2. 能夠清楚界定優勢模式實務工作的核心價值。

3. 了解建立成功的案主—照顧經理關係的策略。

4. 能夠將優勢基礎照顧管理的相關技巧應用在前來尋求社會服務的老年案主身上（例如：建立關係、優勢評量、目標計畫）。

5. 了解與社區機構及非正式支持者合作的有效倡導及獲取資源的策略。

身為一位訓練者，您的自我覺察（self-awareness）將能夠確保學員獲得他們所想要的訓練，您可以將下列幾點共通的重要信念放在心裡，想想看您對學員的期待：

- 訓練過程有受訓者問問題、相互挑戰，並發現困難與議題，才有可能產生真正的學習。
- 成功的訓練需要整個團體參與在討論及學習活動之中。

- 如果學員願意暫時將他們的不信任或嘲諷（cynicism）態度放下，並且願意去嘗試新的概念及實踐方法，真正的學習才會產生。

如何使用這本訓練手冊

本書藉由一系列的練習活動介紹優勢取向老年照顧管理的概論，要能夠有效地運用這本手冊教導的方法，訓練者必須要對優勢模式照顧管理有充分的認識。作者強力推薦補充資料及實務技術的教材，包括：本書作者在 Dennis Saleebey 博士《優勢觀點的社會工作實務》（*The Strengths Perspective in Social Work Practice*, 1997）書中的文章（見本書附錄），以及一九九六年作者在《個案管理期刊》（*Journal of Case Management*）中的文章〈長期照顧的優勢模式〉（The Strengths Model on Long-Term Care: Linking Cost Containment and Consumer Empowerment）；以及 Charles Rapp 博士的書《優勢模式：嚴重及恆久性心理疾病患者的照顧管理》（*The Strengths Model: Case Management with People Suffering from Severe and Persistent Mental Illness*, 1998），涵蓋了許多本書學習活動中所運用的背景資訊概念。可茲您運用的參考資料都已列在本書後面的參考書目。

雖然本書是為機構新進照顧經理，以及對照顧管理工作有興趣的個人所設計，但在團體討論及學習活動的過程中，每個單元都能夠讓資深工作者將其核心概念進一步應用到日益嚴峻的照顧情境中。因此，本書適合用於訓練長期照顧專業領域中

的各種專業人員，包括護理人員、社會工作者、家庭照顧者，以及準備在老年相關領域發展專業生涯的學生。

使用本手冊作為團體的正式訓練方案時，作者有以下建議：

- 團體成員以不超過二十五到三十人效果最好，空間上最好能夠做 U 形的座位安排。
- 完整進行本書所有的訓練活動，需要三天，共二十小時的時間，每天八小時（包括九十分鐘的休息與午餐）。
- 成年學習者的團體最好是在三十分鐘以內完成授課式的報告，並以互動式的活動或討論為主。
- 必須經常鼓勵進行討論及回饋，詢問受訓者的看法與經驗，以使其投入活動的參與，是很重要的。
- 成年的學習者傾向於只學習他們認為他們需要知道的，以便直接複製到他們每天負責的工作上，所以要能夠在進行各個學習單元時，搭配案例的運用——真實生活的或模擬的都好。
- 建議訓練過程多運用各種視聽設備，如簡報投影片、電子白板（flipchart）編譯註，可以將團體學員提出的回應加以統整，並強調重點；運用這些多樣化的視聽技術，較可以顧及到受訓者的不同學習型態。

這本極具彈性的手冊可應用在不同的課程，並且有不同的訓練形式與風格，完整的學習單元可以當作一份訓練方案，或者運用個別的單元，來豐富課堂討論、實務服務及在職訓練工作坊。

手冊包括五大主題，每個主題有數個「學習單元」，每個主題都有一個導論，提供後續學習活動需要了解的背景資料。每個學習單元包括：(1)目的，說明您需要教導及學員需要學習

的目的；(2)完成該練習活動所需要的時間；(3)活動說明，引導您進行該單元以及提供您口頭報告的內容；(4)學習活動，包括說明要點、討論綱要，以及運用「說明」的概念進行練習。以下將五大主題簡單說明：

主題一：探討指引優勢基礎照顧管理實務的服務輸送的價值與信念，透過團體的演練，能夠幫助學員將優勢原則應用到真實的實務工作上。

主題二：描繪有效助人關係及建立關係（engagement）的過程。界定建立信任與親密的策略，以確保成功的案主─照顧經理關係。

主題三：提出傳統長期照顧功能性評量過程的替代方案。運用優勢清單（strengths inventory）工具來介紹並說明優勢評量過程的基本要素，以小團體活動幫助學員學習優勢基礎的評量技術。

主題四：繼續發展先前所界定出的潛藏優勢及資源，幫助案主運用其優勢來發展目標計畫。訓練主題焦點在學習設定目標的重要性、有效目標計畫的標準，以及建立確保成功目標達成的方法。主題中會介紹建立個別目標計畫（personal goal plan）的工具，並以學員二人一組練習使用這些工具，學員將與同伴依據提供給他們的資料練習一份個別目標計畫。

主題五：總結整個訓練方案，並學習相關倡導的方法與概念，以及影響非正式及正式資源提供者的策略，以對老年長者的需求有更多回應。主題內容包括提供一些有效界定及招募非正式助人者的構想，以及透過案例探討如何發展並建立自然助人者網絡，以及開發新的社區資源的方法。

編譯註

電子白板：可以掛在牆壁上或使用腳架，連接個人電腦以讀取資料，或將寫在白板上的資料存到電腦裡。可在板面上黏貼大型圖表、設計圖等，也可以透過白板直接將資料影印成書面資料、或連接印表機列印，學員不必分心抄寫白板上的資料，可以專心學習。

編譯者給參與訓練者的話

對許多第一次聽到優勢觀點的實務工作者而言，大部分的反應都是「很好，可是……」。絕大多數的助人專業工作者都願意尊重我們的案主，也願意藉由各種方法來實現協助案主提升生活品質與生命尊嚴的理念；但是，「我們的案主有優勢嗎？他們不就是因為有著多重問題、缺乏能力及資源，才會成為照顧管理的案主嗎？」「只看他們的優勢而不去看問題，不就像鴕鳥把頭埋在沙堆裡一樣地自欺欺人（案主）嗎？」

這是編譯者在介紹完優勢觀點之後經常得到的初始回應。不禁令人感慨我們的專業訓練進行得太徹底了，使得我們早已學會用一套制式標準的專業眼光去評定我們的案主，形成一種絕對的案主—專業助人者的態勢，也因著案主的「弱勢」、「無能力」及「面臨多重問題」，因此，服務提供的決定幾乎都以專業人員為主導，而案主成為受宰制的、被動的受助者；也有許多的助人者是滿懷熱忱，手持「為了案主好」的盾牌來為案主作決定，安排、主導案主的生活，這種父權主義（paternalism）的慈善實在無法回應當代增強權能（empowerment）的理念。

參與訓練的夥伴們或許可以試著想像，老年實務工作經常看到的情形，一位行動不便、滿屋子髒亂且有濃烈尿騷味、不

識字、獨居的老年案主，照顧經理到宅訪視評估後，可能在五分鐘之內就可以完成處遇計畫——「機構安置」。提供適當的照顧機構安置，不就是實踐案主安全和顧及生活品質的最佳選擇嗎？但在優勢觀點裡要強調的是，「機構安置」是誰的決定？對於想要住在家中的老年長者而言，他或她既有的資源與能力能夠支持其決定嗎？雖然以優勢觀點來看待案主，他或她的失能、髒亂的住所、尿騷味、不識字、獨居的狀態都不會改變，但是，卻可以藉此了解案主想要改變的是什麼，生活的願景為何，也比較可能找到協助案主實現其生活想望的方法與資源。

這樣的案例，或許在照顧經理提供居家照顧服務及社區助人者資源之後，就可以改善其生活的障礙，即使仍有慢性疾病以及行動上的困難，但照顧服務員及社區的助人者可以提供就醫協助及提醒用藥，結合資源提供住所無障礙環境的改善，就算行動不便、有著慢性疾病，仍然可以依照老年長者的意願，居住在自己熟悉的屋子裡；甚至在改善居家環境、去除尿騷味道之後，親戚朋友也比較願意來往，可以保持適當的社交關係與人際互動。

參與訓練者可以藉由這本訓練手冊提供的學習單元內容及參與活動過程，仔細思考並體會優勢觀點對實踐人性化服務以及尊重案主之理念的助益。參與訓練者依循完整的訓練方案的學習，可以得到照顧管理運作的全貌，對於初步接觸照顧管理工作或仍在學校的學生而言，是很實用的基礎教導手冊。在手冊中還提供非常多的表格樣張、可能性的作法及創新的方案，

雖然編譯者已經有部分的補充與說明，仍不能保證可以直接地套用到台灣地區的照顧管理實務脈絡，但可以提供參考與學習；此外，團體式的學習最容易激盪出多元的思考與觀點，因此，團體成員的互相尊重以及投入和參與，將能夠發揮更好的學習效果。

給參與訓練者的提醒與建議：

- 參與這個訓練方案不只是學習一套照顧管理的新方法，更重要的是學習一種全新的觀點，一種顯揚人性尊貴的人生哲學。

- 「三人行必有我師」，相互學習是很重要的，不僅向訓練者學習，所有參與團體的學員都是可以互相學習的對象。

- 在團體及小組討論過程，要聽也要講。「聽」，傾聽每一位成員的想法及創意；「講」，講出自己的疑惑與建設性意見。切忌沈默不語，也勿喋喋不休。傾聽的態度可以激發更多的想法與創意，自己的發言可以讓自己、他人及整個團體都有益處。

- 當下的溝通與回饋比日後的交流更有益於個人及團體的學習與收穫。

- 積極、活潑、有想像力的團體及小組討論可以創造新的思

考，以及本土化的作法。實際案例的分享可以不斷發掘適
合本地照顧管理的新出路。

目錄

CONTENTS

主題一

優勢原則與功能

Module 1

　　優勢模式建立在一個信念上：相信老年長者具有無限的可能性可以繼續成長與自主（autonomy）。這樣的信念需要我們持續地去留意老年長者的個人經驗、才能（talents）及抱負（aspirations）。因為每個人都是獨特的，所以優勢觀點認為，個人就是界定他／她自己需求或意願（will）的專家，藉由照顧經理的協助，能夠了解他／她需要什麼，來幫助達到其個人最佳的福祉狀態（well-being）（Weick, 1984）。

　　優勢模式的助人行為在許多方面都與傳統實務不同。例如，傳統模式著重在界定及解決問題，解決的處遇策略是基於疾病類型、病理（pathology）及問題，而不是著重在了解個人所經驗到的獨特情境。

　　在醫療復健模式（medical and rehabilitative models）中，老年被視為一種病，老化是一種醫療問題，就算不能予以消除，也能加以減緩，服務的提供是基於醫療診斷的狀態，而非視個體獨特的心理、社會、心靈與生理需求而定（Pray, 1992）。診斷式的方法無法「發掘個人奮發努力的意義，以及潛藏在每個

人故事裡的優勢力量」（Weick, Rapp, Sullivan, & Kisthardt, 1989, p. 350）。這樣的結果使得醫療模式容易忽略廣泛性的社會及心理需求，如住宅、社交活動以及交通接送等，而這些卻是使個人能夠維持獨立與尊嚴的條件。

傳統上，老年長者因為病理症狀、疾病以及失能等因素，常被認為無法自己照顧自己，因此，傳統的處遇計畫會著重在注意必須做什麼或可以做什麼，而不是再增強（reinforcing）人們可以（can）以及已經在做（are already doing）的事（Rathbone-McCuan, 1992）。優勢取向強調從認知及生理的改變去體察個體的優勢，將疾病、身體不適以及行動不便等都視為個體樣貌的一部分，但並不是最重要的部分，「問題」在案主與照顧經理的關係中，是增進了解的背景而非全貌。案主被視為擁有諸多不同的經驗、個性及角色，由這些來決定他／她是誰，而不只是一個年老的、失能的或具有慢性病的個體。

大多數老年長者在進入照顧管理關係之前，都已經歷過生存的奮鬥，甚至遭遇過巨大的挑戰與挫折，照顧經理可以更深入地去了解案主這方面的故事編譯註一。老年長者存有「龐大的生理、心理、認知、人際、社交與靈性的能量，但通常是未被發掘、未被察覺的，而這些都是可以用來產生改變、轉化（transformation）及希望的無價之寶」（Saleebey, 1992, p. 2）。

依賴（dependence）會造成低自尊（self-esteem）、沮喪、無望及感到無能（incompetence），繼而加速疾病的產生（Rodin & Langer, 1980），優勢基礎的過程是藉由強調個體所保有的

各種能力，來對抗這些影響（例如，維持個人或其居家環境的能力）。案主—照顧經理的關係是優勢模式中最重要的工具之一，藉由這樣的關係，照顧經理能夠幫助案主進行需要的改變，以繼續居住在家中或社區中；這份關係也是培養案主學習與改變的潛能，以及發掘個人及環境資源的基礎。

優勢取向是透過案主、照顧提供者（caregivers）及照顧經理共同參與及決策來加以執行，以「合作與共同負責」的形式取代傳統的「專業—非專業關係」。無論老年長者生理或心智有多麼地失能，他／她仍具有某種程度的參與能力。在絕大多數的個案中，假如照顧提供者能夠多點時間和耐心，老年長者的參與會比我們所預期的還更多；終究而言，採取任何行動的結果是老年長者要去承受的（Lowry, 1991），我們實在很難有充分的理由可以剝奪老年長者參與決策過程及表達意見的權利。

優勢觀點使老年長者能夠感到對自己生活的掌控、解決自己的問題，以及為自己作決定，也因而能夠減少不必要的依賴以及習得的無助感（learned helplessness）。理論及實證的文獻都支持這個假設，即老年長者如果認為自己能夠選擇並掌控生命，他們將經驗到較高品質的生活（quality of life），因此，增進選擇與掌控感，和增進獨立與自足（self-sufficiency）的感覺有很大的關係（Ory, Abeles, & Lipman, 1991）。

優勢模式認為人們可以左右自己的生活及選擇，因此，優勢模式照顧管理是藉由補充個體所不能者，以強化其掌控的感覺。這個過程從初期的接觸就開始了，與老年長者建立關係及

界定其優勢，並鼓勵他們發展及主導他們自己的照顧計畫。

優勢觀點讓實務工作者重新再去定義及建構他們的語言和態度：從病理的觀點到優勢的觀點，從看到問題到看到挑戰與機會，從只看過去到放眼未來，也從專業者的角色轉變成為協同合作者（collaborator）的角色；當能夠從個人的態度、語言及行動上去體會人類能力的完全（fullness），轉變便開始了，而優勢模式的照顧管理是這整個歷程不可或缺的工具。

「天主說：『讓我們照我們的肖像，按我們的模樣造人，叫他管理海裡的魚、天空的飛鳥、牲畜、各種野獸、在地上爬行的各種爬蟲。』天主於是照自己的肖像造了人，就是照天主的肖像造了人：造了一男一女。」（創1：26-27）人既為天主所造，且依照天主的肖像、樣貌所造，理當擁有肖似天主的能力與尊貴。

學習單元 ① 相互認識：當我八十歲

目的：

　　使學員與訓練者能相互認識，並建立團體的信任關係。

時間概估：

　　45 分鐘（視團體大小而定）

準備材料：

　　5×8 吋的空白索引卡（一人一張）、原子筆或鉛筆、電子白板或黑板、白板筆或粉筆

說明：

1. 發下 5×8 的索引卡和筆或鉛筆給每一位學員。請學員將下列資料寫在卡片上：

   ● 姓名、工作職稱及居住地。

   ● 願意讓大家知道的一個優點。

2. 請學員闔起雙眼，並且想像自己的年齡是八十歲。詢問他們下列問題：

   ● 您那時候會住在哪裡？

   ● 您那時候會做什麼工作？

   ● 您那時候外表看起來如何？

3. 給學員大約五分鐘的時間將答案寫下。整個團體輪過一遍，請每位學員都講一講他／她的基本資料，以及分享他／她想像自己是八十歲老人的樣子。將團體成員的優點寫在電子白板或黑板上。

4. 摘要團體成員提到所有有關「成功老化」（successful aging）的要素，特別將有關社會支持、活動參與，以及個人和外在優勢的部分標示出來。團體成員認為能夠幫助自己成功老化的特質，也應被視為同樣能支持他們的案主健康老化（healthy aging）的要素。

5. 討論為何有效的實務工作有賴於照顧經理能夠想像未來的自己，以及面對他們自己逐漸年老的感覺，並以此總結這個活動。團體成員應該了解預想自己的老化過程對於協助老年長者面對與老化有關的生理、心理改變，是很重要的學習。這個活動的用意除了讓學員彼此熟悉認識之外，也希望能夠讓學員假想體驗自己是老年長者的各種可能性。

隨堂小筆記：

_____

_____

_____

_____

學習單元 **2** *界定優勢*

目的：

尋找以及界定我們的與案主的優勢。

時間概估：

30 分鐘

準備材料：

電子白板、黑板或投影機；白板筆或粉筆；授課講義「優勢的定義」（見第 29 頁）

說明：

1. 翻閱授課講義「優勢的定義」，將學員在「學習單元一」所列出來的優勢拿來討論，其中有多少是屬於講義所列的優勢。

2. 討論授課講義「優勢的定義」內容，與學員一起探討其他從個人或專業生涯所觀察到的優勢類型。

3. 總結學習單元二，強調採用優勢取向的照顧經理會將擁有社交活動、人際關係、基本生活必需品，以及情感／生理的良好狀況，當作是成功老化的表現，這些優勢應

被視為是照顧計畫過程中可以用來增進案主生活品質的機會。

隨堂小筆記：

學習單元 ③ 自我評量

目的：

協助學員了解及思考優勢基礎的老年照顧管理之主要價值與信念。

時間概估：

45 分鐘

準備材料：

可黏式便條紙（如便利貼）或彩色圓點貼紙（彩色圓點貼紙有不同大小及顏色，貼在白板上的可以選擇較大的尺寸，貼在授課講義上的可以選擇較小的尺寸）、電子白板；授課講義「自我評量指南」（見第 30 頁）

說明：

1. 請學員將便利貼或圓點色紙貼在白板所列出的價值陳述上面，白板上陳列出授課講義裡全部或部分的價值陳述。訓練者先離開教室，讓學員能夠自在地將貼紙或圓點色紙貼在白板上，藉此表達他們各自的立場。
2. 向學員介紹這個活動是要對列在白板上的價值陳述依照

他們自己同意的程度進行評量，以及說明每個人所根據的立場是什麼。

3. 翻閱授課講義。要求學員對每一個價值陳述評量出他們站在什麼樣的位置，然後將便利貼或彩色圓點貼紙貼在他們表示同意或不同意的連續線的一個位置上，提醒學員不需要找出「正確的」答案（沒有所謂*正確的*答案），將重點放在思考他們自己對於各個價值陳述的同意或不同意程度。

4. 有一些學員可能會拒絕在價值陳述中表示立場，而想將貼紙或色紙貼在連續線的中央。如果學員能在價值陳述的連續線上表示明確的同意或不同意，這個活動比較能產生效果，所以，要鼓勵他們放心選擇，並且不要過度去分析陳述中所用的術語。

5. 徵求自願者分享他們表示不同意的陳述，並說明他們的立場；同樣地，也鼓勵對一些陳述表示同意的學員和團體分享他們的看法。

6. 在上述分享之後，訓練者向團體說明這些陳述中所反映的價值就是運用優勢基礎取向的基礎與基本要素，提醒學員，相關的原則將在後續的訓練課程中有更詳細及深入的討論。

給訓練者的提醒

　　以這樣的方式列出價值陳述是為了讓學員有比較活潑及有趣的討論，並能夠鼓勵學員自我反思，所以這些陳述沒有絕對的答案。舉例來說，如果案主試圖傷害自己或別人，照顧經理可能就無法顧及其意願；此外，這些價值陳述也沒有所謂「正確的答案」，如果案主深陷在危機困擾當中，照顧經理可能需要從照顧提供者的觀點開始著手。所以，訓練者比較重要的是去留意那些讓學員表示不同意的情境或例外的狀況。

7. 總結這次活動，再次向學員說明，在這次活動中並不期待所有人都完全認同這些價值陳述的內容。隨著後續練習活動的進行，學員將會了解到存在每個原則背後的基本原理，並能夠發現更多這些原則彼此之間的共通性。

隨堂小筆記：

_____

_____

_____

_____

_____

學習單元 ④ 應用優勢原則

目的：

協助學員將優勢原則應用到他們的實務照顧管理工作。

時間概估：

60 分鐘

準備材料：

一些便利貼及筆或鉛筆；授課講義「優勢模式原則」（見第 31 頁）

說明：

1. 運用下面的討論要點介紹每一個原則的基本觀念，每個原則最好都能有具體的案例說明。

2. 介紹原則的過程，可以強調學員在學習單元三「自我評量」活動中的評論意見，並融合帶入學員在學習單元一及單元二所界定的優勢與資源。

3. 請學員說說看，他們在各自的機構中看到優勢原則是如何運用的狀況，鼓勵學員去思考他們的機構可以做些什麼不一樣的事情，讓這些原則可以更廣泛地應用在組織

結構中。

4. 學員三至四人分為一小組，並選派一人擔任記錄。每一個小組要：

(1)列舉出在其機構中有反映出優勢基礎原則的具體實務工作。

(2)列舉出在機構實務工作中可以改變得更具優勢基礎取向的行為及活動。

5. 十五到二十分鐘後，請小組回到大團體，請每一位記錄者分享他們小組討論的結果。

討論要點：

優勢取向有五個原則，作為引導照顧經理與老年長者一起工作的方法，以及教導如何看待老年長者在助人歷程中的參與，因此，優勢原則提供助人歷程的目的、意義及方向。五個原則如下列：

原則一：探索並強化案主的優勢而非問題，能增進希望與自立
      （self-reliance）

將重點擺在老年長者的優勢、興趣和能力，而不是他們的失能、疾病和問題，能夠增進他們從依賴邁向健康地相互依存（inter-dependence）的能力。在優勢模式中，問題與需求並沒有被忽略，只是被視為是阻礙人們想望（want）的障礙，以優勢觀點提供服務，並不只是將問題重新建構而已，照顧經理藉

著運用案主個人及環境的優勢，來強調什麼是他們想望的及需要的。

　　個人的需要（needs）不一定與他／她想望（wants）的相同。一名男性老年長者可能想要繼續住在自己的房子裡，但卻拒絕接受公共救助服務來協助修繕屋頂的裂縫。有技巧的照顧經理可以利用他的家庭資源，以及他曾是建築承包商的背景，找到免費的社區助人者，來滿足他的需要（房屋修繕協助），同時也滿足他對生活的想望（住在自己的房子裡、維持尊嚴與有能力感）。隨著年齡增長而來的健康衰退及功能性的障礙，許多老年長者會接受自己身為一位老者應該做什麼或不應該做什麼的烙印與限制，如此一來，優勢就很容易在這樣界定既存問題的過程中被忽略了（Motenko & Greenberg, 1995）。不要去問「這個人出了什麼問題？」比較增強權能（empowering）的問法是：「是哪些優勢幫助這個人存活（survive）下來？」這樣的問法才能找出老年長者已經嘗試過的、可以做的，以及正在進行的那些讓他／她能生活得更獨立自主的努力。

原則二：老年長者具有學習、成長與改變的能力

　　這個原則的核心就是對老年長者與生俱來能力的信念，雖然年齡增長、不斷重複性地生病以及失能，但他們仍努力去實現生命中每一個夢想、抱負及目標。

　　這個原則的照顧實務認為，老年長者有未被開啟的潛能，以及他們可以學習、治癒，及使自己生活得更好的能力。就跟

所有的人一樣，老年案主也會有不知道自己想要什麼或下一步該走向何方的問題，幫助案主築夢是改變過程中很重要的一環，若是因為案主已經八十、八十五、或九十歲，就對他們設限，將會扼殺掉他們想要學習、成長及改變的能力。

　　一位老年婦女可能選擇住在自己位於郊區的家，而不願搬到靠近主要商業區的公寓。要實踐這個決定，她必須學習使用助行器走路去搭大眾運輸工具，因為她的駕照已經被取消了。她應該要有機會實現這樣的決定，雖然可能會導致無法到醫療門診、去購物商場，或者得到其他基本需求的滿足，照顧經理及照顧提供者如果對她持負面的期待，可能對她的學習、成長及改變的能力造成很大的影響。您如果相信案主想要改變而非抗拒改變，將能夠避免他們受限於過去的問題或不足，而更能夠朝向未來努力。

原則三：*關係的建立對有效協助案主是基本且重要的*

　　這個原則強調發展並培養案主—照顧經理的關係，是成功的要件。傳統上，長期照顧的經紀人模式（brokerage models）認為，照顧管理工作即使不與案主建立信任關係，也能有效地解決問題，這種模式較少與案主互動接觸，比較強調服務的安排；而立基於相互信任、誠實及開放的密切合作關係，要較少的個案數量才做得到。

　　但是，除非照顧經理投入時間來建立關係、探索相關的議題、提供支持性的諮詢，並讓案主參與所有的照顧決策，否則

連結的服務與資源將很難持續維繫；此外，照顧經理與案主之間的關係也有助於知識與技巧的轉移，可以促進案主自我照顧能力的發展。

　　案主常常把照顧經理當成是自己的「朋友」，但是，照顧經理是受雇來友善地協助案主達成目標，而不是來和案主結交朋友的。因此，照顧經理應該時時問自己：「建立這層關係的目的是什麼？」以及「我是為了什麼要涉入這個人的生活？」。許多調查研究都發現，老年長者期待與他們的照顧經理建立關係。

原則四：老年長者能夠參與決策、選擇，以及決定助人過程的發展方向

　　案主的選擇與自決（self-determination）是這個原則的核心理念。這個原則的假設是：無論老年長者的失能程度如何嚴重，他／她在助人關係中，都能夠有某種程度的投入與參與。這個原則關注的重點是：在案主－照顧經理的關係中，需求及目標是如何被界定，以及是由誰來界定。老年長者有權利決定照顧管理該幫助他們得到何種協助及其形式、方向及實質內容。

　　優勢基礎的照顧經理著重在發展與案主的夥伴關係（partnership），並鼓勵分享決策過程；如此，案主會知道他們與照顧經理是「站在同一陣線」，而且在過程中會擁有更多的主導權。這個原則的目的是要從案主的現況著手，讓他／她盡可能有最大程度的參與。照顧經理的目標在於增進案主做重要決策

的信心，像是什麼時候要尋求照顧、要選擇哪些項目，以及什麼時候要做更高層次自我導向的決策。

在傳統服務模式中，照顧管理專業通常會進行一份評量及提供建議處遇，案主不是接受建議的服務，就是到別的地方尋求協助；在優勢模式中，透過協同的評量及計畫，照顧管理專業被視為是一位代理人（agent）、顧問或是提供諮詢者。

老年長者面對自身的失能健康狀態，通常會選擇不要在助人歷程擔任一名主導者，但是，仍應給予他們機會去選擇是否參與過程；即使案主是有失智症（dementia）以及心理衛生相關的障礙者，也應該盡可能地提供選擇的機會。對於照顧經理的挑戰在於，要能重視案主的權利，但也要了解其生理及心智狀況帶來的實際限制。

原則五：獲取資源包括積極外展（assertive outreach）所有社區資源

依據這個原則，整個社區被視為是充滿資源的，主動地外展（aggressive outreach）是照顧管理服務偏好的介入處遇模式。優勢觀點提出一個挑戰的觀點：即正式的及付費的服務只對有能力付費的人而言才是存在的，無能力付費或不符合資格的老年長者，就算有再多的服務存在，也是無法獲得的。而社區被視為一個充滿未開發潛在可能機會的寶庫，資源的獲取是要深入到每位老年長者生活環境中的自然助人者，諸如鄰居、公寓管理人員、青少年團體以及公民組織（civic organizations）等。

　　社區不該被視為障礙，而是具有潛在協同合作者及充滿可能機會的綠洲，照顧經理的主要任務是要找出並靈活運用這些既存資源。有些照顧經理傾向於將案主局限在只使用正式資源，但是正式服務提供者無法滿足老年長者在情感與社交層面上的需求，或者是提供生命歷程的價值與經驗分享的個別化照顧，這些特定的正式服務往往是很有限的。

隨堂小筆記：

學習單元 ⑤ 概念上的差異

目的：

協助學員了解傳統長期照顧實務模式與優勢取向照顧管理實務之間的差異。

時間概估：

30 分鐘

準備材料：

製作投影片及授課講義「助人模式」與「優勢模式VS.醫療實務模式」（見第 32 頁及第 33 頁）

說明：

1. 簡單回顧傳統醫療一復健實務模式的核心概念，並利用下列的討論要點，進一步討論為何它會成為照顧管理實務中重要的模式。

2. 說明優勢模式實務相對於傳統醫療模式實務有何差異，詢問學員下列問題：

● 「請您看看這兩種助人模式，在助人的概念上有什麼樣的差異嗎？是否有哪個模式與您的實務理念較為一

致？如果有，請問是如何地一致？」

◉ 「就您的經驗而言，哪一個模式或哲學是您比較常看到被運用的？」

討論要點：

1. 照顧管理，就如同社會工作及其他助人專業一樣，大部分的理論與實務是建構在假設人們之所以成為案主，是因為他們有所不足與問題，也依循這樣的觀點發展其線性思考，後續接著要做的工作就是要找出問題或疾病（基於醫學的假設，當然就發展成醫療的模式）；在某種程度而言，這是假定世界上對其所界定的問題都存有具體、明確、但願也有可解決的方法。但是，這樣線性的思考卻忽略了人們情境及人際關係之間不確定性及複雜性的特質。

2. 優勢模式與流行的長期照顧模式很不一樣。例如，優勢模式以評量及強化個體、團體及社區的優勢為目的。個人的需求並沒有被忽視，相反地，優勢被用來引導案主的選擇與期程，並盡可能成功地解決案主所陳述的問題。

3. 傳統的醫療─復健模式著重在強調個體生理或心智方面的受損，透過治療與提供服務的方式來解決問題，權威的形塑乃立基於專業的決策，處遇的成效是依據醫療標準的生理功能極大化作為衡鑑基準；優勢模式則強調案主目標的達成，且由案主負責主導其照顧的提供。

4. 在技術性養護機構（skilled nursing facility），如果案主有急性醫療需求需要馬上住院與復健時，醫療—復健模式便扮演很明確的角色；然而在大部分時候，失能／長期慢性疾病的老年長者都不是急性病狀，他們偶爾還是會住院，但整體的需求大多時候是跟日常生活方面相關的，需要運用到更廣泛層面的服務及資源。

5. 老化在美國社會裡是被烙印的，人們基於負面的刻板印象（negative stereotypes），將老年長者概化，並進而歧視他們。一位老年長者想要掌控事情的想法可能會遭受到挑戰，例如受到媒體負面訊息的影響，或同輩團體裡那些比他／她較少失能的人的影響，如「年紀大了，不要逞強！」「錢財的事情要交給孩子去處理」、「媳婦煮什麼菜就吃什麼，老人不要挑剔食物」。不斷面對周遭傳遞的依賴形象，許多老年長者於是慢慢地接受文化對於「老」應該是如何的定義，特別是那些受到專業照顧者照料的長者。

6. 優勢模式認為，單純以醫療模式沒有辦法處理老年長者廣泛性的社會及個人照顧需求。您或許可以試著想像一位坐著輪椅但並沒有急性疾病的老年長者，這位長者可能被診斷出許多疾病，也得到專業的建議要安置到養護機構（典型醫療模式的診斷與處遇建議），但事實上，他／她無法住在家中的主要障礙，其實只是輪椅出入的問題（給予充足的住家無障礙環境改善，這位長者仍然

可以住在熟悉的環境裡）。因此，運用優勢模式的策略，照顧經理會得到案主需求的全面性圖像（holistic picture），其中有一項是醫療照顧，也會去探索所有可能的選擇，以滿足這些需求。

7.「助人模式」的授課講義明白指出優勢模式與醫療—復健模式之間明顯的差異。一般而言，醫療模式著重於診斷及治療一個特定的疾病，而不是評估及滿足個人整體福祉的需求。舉例來說，一位髖部損傷的人可能住院、治療、然後出院，這個人的醫療需求可能被滿足了，但是，其他像是行動的機動性、獨立生活的技巧及其他社會因素，可能永遠也不會被考慮到（Smith & Eggleston, 1989）。

給訓練者的提醒

在這個單元討論要點所提供的背景資料只是為了讓訓練者能夠對傳統醫療—復健模式及優勢模式的不同觀點有更進一步的參考，並且對於學員的疑問可以提供說明，因此不需要逐條逐項地討論，這些資料與概念應該整合融入在後續的單元裡。

隨堂小筆記：

學習單元 ❻ 優勢照顧管理的功能

目的：

讓學員了解優勢模式照顧管理的功能。

時間概估：

30 分鐘

準備材料：

授課講義「助人歷程的步驟」及「優勢模式照顧管理流程圖」（見第 34 頁及第 35 頁）

說明：

1. 瀏覽下列討論要點及授課講義「助人歷程的步驟」裡的六大服務系統功能。翻閱授課講義「優勢模式照顧管理流程圖」，並向學員介紹這些功能，訓練者需要製作這二份講義的投影片，這樣學員在討論的時候可以很容易跟上。在這個單元還不需要描述每個功能的細節。

2. 向學員說明這六個照顧管理功能在照顧管理流程裡代表什麼，強調照顧管理很少是線性的過程，雖然流程圖看起來好像是如此。舉例來說，在建立關係階段進行的活

動，如資料蒐集，也可能出現在優勢清單及個別目標計畫（personal goal plan）階段；另外一個例子是，案主需要的只是短期的協助資源，案主一照顧經理的工作可能會很快地從建立關係就進入到執行計畫、到結束關係。這二個例子都顯示，這些功能其實並沒有涇渭分明的步驟區分。

3. 您可以運用一些案例來說明這六個照顧管理過程的階段，每個階段都有照顧經理要扮演的一些角色，以及照顧經理和案主需要進行的活動。向學員保證在後續訓練過程將會對這些功能有更深入的認識，後續的主題會著重在每一個主要功能上。

討論要點：

1. 建立關係

  ◉ 案主與照顧經理初步的接觸與晤談。

  ◉ 非結構式的、談話式的方式，而不是嚴謹、正式的會談過程。

  ◉ 探索雙方共同的興趣及經驗，以建立親密感。

  ◉ 說明照顧管理的目的，雙方討論對彼此相互的期待。

  ◉ 案主所關心的及感興趣的事物都是被認同與接納的。

2. 優勢清單（strengths inventory）

  ◉ 對於案主過去及現在個人和環境方面的優勢、能力和成就的資料，都蒐集到日常生活的六大領域，包括生

理、社會及情感的福祉（well-being）。

- 清單探索應視為案主與照顧經理都持續蒐集的過程。
- 案主依據他／她的想望排定優先順序，並作為發展個人目標的基礎。
- 案主的興趣、想望及需求，都記錄到各個生活領域（life domain）之中。
- 過去和現在運用的社區資源，也記錄到各個生活領域之中。
- 這些相關資訊的蒐集是談話式的，理想上，應該是在建立相當程度的信任之後才進行。

3. 個別目標計畫

- 重點是透過共同合作發展的行動計畫來達成案主設定的目標（client-set goals）。
- 依據優勢清單中案主排定優先的想望與需求，作為目標發展的基礎。
- 長期目標要轉換成一系列的短期任務。
- 指定任務的責任及預定完成的日期。
- 界定案主的個人及環境資源、自然助人者，以及服務資源，用來協助執行目標。

4. 獲取資源

- 獲得案主想要的環境資源與服務，以達成案主的目標。
- 確認滿足案主需求與喜好的社區資源與服務，是可獲得的（available）、可接近的（accessible）、便利的

（accommodating），以及充足的（adequate）（獲取資源的四 A）。

- 代表案主的權利去與服務提供者及自然助人者協商。
- 積極外展到自然助人者與自然既存資源。
- 將案主個人與環境的優勢統整到所希冀達成的目標。

5. 持續合作

- 通常被視為監督（monitoring）。
- 完成列在個人計畫中的任務。
- 經常且持續性地與付費及非付費的協助者進行溝通。
- 自然助人者與照顧提供者能夠持續地獲得指引、讚揚與回饋。
- 召開會議來解決衝突，並且定期再評估（reevaluate）助人工作的成果。

6. 結束關係

- 創造機會以增進案主維繫支持網絡的能力，提升與自然助人者及資源的相互依存。
- 逐漸減少與案主的接觸，但向他們確保如果情況有改變，還是能夠獲得支持。
- 自然助人者與資源的數目及種類增加，漸進取代照顧管理服務的需求。

隨堂小筆記：

優勢的定義

當您與案主談話；撰寫評量、照顧計畫及記錄工作進展；或者是與別人討論您的案主時，請經常想想他們的：

知識、學習與自我覺察（self-awareness）

成就

才華與嗜好

個人特質

自尊、尊嚴與自我意象（self-image）

選擇與慾望（desires）

家庭與社會關係

因應調適機制（coping mechanisms）

經驗

感覺與情緒

文化價值、習俗與傳統

參與社區及創造性活動（creative activities）

願意尋求及接受幫助

生理、心理及功能性的狀態

外在資源或獲得生活基本需求的管道

價值

老年優勢基礎照顧管理訓練手冊©2004，心理出版社

自我評量指南

請依據您個人的看法，對下列陳述表達同意的程度，這些陳述並沒有絕對的或正確的答案，請您放心地與大家分享您的立場。

1. 評量過程應從案主對其所處情境的觀點開始。

    同意 ——————————————————— 不同意

2. 老年長者具有可觀察到的優勢。

    同意 ——————————————————— 不同意

3. 信任關係是有效照顧管理實務的關鍵。

    同意 ——————————————————— 不同意

4. 強化案主的優勢可以激發他們改變的動機。

    同意 ——————————————————— 不同意

5. 所有的老年長者都有能力繼續學習、成長與改變。

    同意 ——————————————————— 不同意

6. 環境是充滿著資源的。

    同意 ——————————————————— 不同意

7. 如果照顧經理是基於案主健康／安全的考量，照顧經理有權利不顧及案主的期望。

    同意 ——————————————————— 不同意

優勢模式原則

原則一　探索並強化案主的優勢而非問題，能增進希望與
　　　　自立。

原則二　老年長者能夠繼續學習、成長與改變。

原則三　關係的建立對有效協助案主是很重要的。

原則四　老年長者能夠參與決策、選擇，以及決定助人過
　　　　程的方向。

原則五　獲取資源包括積極外展所有社區資源。

助人模式

	傳統模式	優勢模式
社會角色期待	照顧老年長者	老年長者照顧他們自己
由誰掌控助人過程？	專業的權威與控制	顧客的權威與控制
問題解決方法	專業取向的評量與服務輸送	取決於顧客與其所處環境
照顧管理關係	案主被動地接受受機構導向的處遇服務	案主是主動的夥伴並主導助人過程
服務與支持	依問題輕重有不同層級的服務	服務與支持都是量身訂作以滿足案主的需求，而非服務提供者的考量

優勢模式 VS. 醫療服務模式

	優勢模式	醫療 - 復健實務模式
助人的價值基礎	◎ 案主具有成長、治癒及學習的潛能 ◎ 案主有能力界定他們自己的想望與需求 ◎ 重視人的個別性、獨特性	◎ 問題的解決需仰賴專業的知識與技術 ◎ 案主對他們自己及問題缺乏洞察與知識
問題解決方法	◎ 方法就在案主及其所處環境內 ◎ 優先使用自然既存社區資源	◎ 專業導向的評量與服務輸送 ◎ 遵行醫囑及臨床診斷的路徑
照顧管理關係	◎ 案主導向的決策 ◎ 強調發展親密與信任關係 ◎ 照顧經理在找到協助人者後，就豁之取代自己的位置	◎ 服務提供者導向的決策與處遇 ◎ 關係依據專業知識對問題本質的評斷而有不同程度的介入
照顧管理任務	◎ 協助案主達成個別目標 ◎ 活化及開創自然助人網絡 ◎ 在案主個人的需求與想望脈絡下提供服務	◎ 教導技巧以因應不足 ◎ 監督遵行的狀況 ◎ 對所界定問題的醫療管理
期望看到案主的成效	◎ 相互依存 ◎ 提升生活品質 ◎ 自我效能 ◎ 案主滿意	◎ 問題解決 ◎ 極大化生理功能 ◎ 符合生物醫學的治療標準

優勢照顧實務模式

助人歷程的步驟

建立關係
- 初步的接觸
- 非正式的與談話方式
- 探索共同的興趣/經驗
- 描繪相互的期待
- 確認/接納案主所關切的事情

優勢清單
- 蒐集有關個人與環境優勢的資訊
- 視為持續進行的工作
- 案主決定優先順序
- 記錄生活領域中的興趣、想望與需求
- 記錄過去、現在的社區資源
- 向案主報告所有的資訊

個別目標計畫
- 透過共同合作發展的行動計畫以達成案主設定的目標
- 以優先的想望與需求作為目標發展的基礎
- 界定目標並將目標化為任務
- 指定任務的責任與預定完成日期
- 界定資源、助人者與服務

獲取資源
- 取得資源及服務以達成目標
- 確定社區資源與服務是適當的
- 與服務及資源的提供是協商交涉
- 積極向外展到自然既存的助人者與資源
- 整合優勢與資源到目標中

持續合作
- 視為監督
- 完成任務
- 維持案主獲得的經常性、持續地接觸
- 給予照顧提供者持續的引導、讚揚與回饋
- 解決衝突/定期地再評估過程

結束關係
- 接觸的頻率漸漸減少
- 向案主保證需要時還是可以獲得持續的支持
- 以自然助人者取代正式的服務

優勢模式照顧管理流程圖

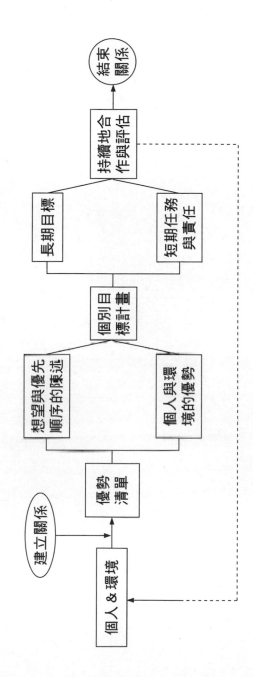

老年優勢基礎照顧管理訓練手冊©2004，心理出版社

建立關係：建立助人關係

Module 2

　　建立關係（engagement）是建立與案主關係的過程，也是評量階段的開始。在此階段對照顧經理和案主而言，主要目標是更進一步地認識彼此，但這並不意味著您要跟每一個案主都變成朋友關係。照顧經理應該要知道，案主會進入助人關係是希望改善他們的生活情境，您可能成為老年長者最重要的關係人之一，因此，案主—照顧經理之間的關係應該被嚴肅地看待。在與案主初步的接觸期間，照顧經理不應該對案主的問題抱持先入為主的看法，而是要幫助他／她發展所需要的技巧，以解決其處境。

　　有效的工作關係需要花費時間來培養。去了解一下您的案主：他們喜歡做什麼？他們如何利用時間？關照這個脈絡的用意是，案主所採取的行動是他們認為最符合他們最佳利益的，而且也是他們所希冀的，因此，照顧經理花時間去了解案主喜歡做什麼或正在做什麼，就是去了解他們的期待與想望。

　　很多時候，能夠有所改變是因為案主信任照顧經理的判斷。有時候，案主願意對自己的生活擔負起更多的責任，純粹是因

為照顧經理相信案主可以做得到，如此一來，關係的優勢便成為幫助案主達到所需改變的工具。

在優勢模式中，建立關係包含下列要素：

● 是一個開放、談話式的取向，而不是嚴謹、正式的會談過程。

● 優勢氛圍的特質是溫暖的、真誠的、開放溝通的，以及適度的自我表露（self-disclosure）。

● 當人們花時間彼此了解共同的興趣之後，就會慢慢地相互熟識。

● 專業人員、案主及照顧提供者表達彼此角色及相互期待。

成功的建立關係需要在剛接觸的幾週與案主保持固定及經常的接觸，但是，如果案主對經常性面對面的接觸感到不自在的話，以非直接的互動，如信件、便條及電話聯繫，也可以培養信任及加速助人關係的發展。照顧經理需要表現出對關係的承諾，如在案主生病時保持接觸，在不需要太多互動的時候則較少接觸（Rapp, 1998）。

案主的興趣、願望及能力應該主導整個關係建立過程，照顧經理可以藉由以下方式幫助建立關係（Kisthardt & Rapp, 1992）：

● 讓案主了解照顧經理的參與可以幫助他／她實現生命中的想望。

● 詢問案主及他／她的主要照顧者，他們如何看待照顧經理，以及他們希望從這個關係中獲得什麼。

● 接納案主對需要處理的議題的界定。

- 界定並強化既有的優勢。
- 肯定建立正向助人關係對成功的工作關係而言，是最重要的事情。
- 給予大量的正向回饋、慶祝任務達成，以及對案主持續表示興趣及關心。

「他賜給疲倦者力量，賜給無力者勇氣。」（依撒意亞 40:29）持有信念，相信「我能」者，即使身心困頓，必能得著力量。

學習單元 ❼ 找出共通性

（註：學習單元八可以當作本單元的補充教材，或者也可以取代這個活動。）

目的：

　　幫助學員了解在與案主初見面期間，發展信任與親密感的重要性。

時間概估：

　　60分鐘

準備材料：

　　製作授課講義「培養有效工作關係的步驟」的投影片（見第57頁）；投影機與簡報筆

說明：

1. 請學員找一位夥伴（最好不要找坐在他／她身旁的人），等選定夥伴後，請每對學員都去找出他們彼此有什麼共通性，例如：頭髮顏色、小孩、嗜好、信用卡債務等等。給學員十分鐘時間彼此互相詢問。

2. 十分鐘之後，回到大團體來討論他們從夥伴身上發現了什麼，找出不同小組間及小組之內的共通性。詢問學員是否有人完全無法發現共通之處，學員可能會點頭表示

他們都能找到與他們的夥伴有相通之處，環視教室裡所有非口語的肯定表達，強調大家都可以發現他們與其夥伴有共通之處。

3. 在學員分享他們的發現之後，用一些典型的功能性評量問題來詢問學員，下列這些問題經常引起團體的笑聲：

　● 有沒有人詢問他／她的夥伴有關排便的問題？

　● 有沒有人詢問他／她的夥伴有大小便失禁的問題？

　● 您們之中有多少人對您們的夥伴使用下列心智狀態測驗的項目？像是：

　　請您說出現任總統的名字。

　　我要您記住下列三個字：鉛筆、蘋果、床，幾分鐘後我會要求您重複這三個字。

　　如廁的問題也是測量人們心智狀態的經典問題。但是您是否曾有包著尿布的案主告訴您，他／她沒有大小便失禁的問題？案主的回答可能被評量為不合作、混亂、說謊，或為保持尊嚴。

4. 讓學員討論，這類的問題可能會令一位老年長者如何地受羞辱，及可能傷害到他／她的自尊。

5. 討論第一次會面的重要性、新的關係通常是如何建立的，以及這與傳統居家評量會談的典型過程有何差異。下列問題可以用來促進討論：

　● 我問排便及大小便控制的問題會被認為是侵犯嗎？為什麼？

- 有比較不侵犯的蒐集資料的方法嗎？
- 有沒有人覺得您剛剛是在接受會談？講話的語調是談話式的嗎？
- 剛剛問的問題有沒有令您感到尷尬？
- 有沒有人在問話的過程有自我表露？
- 有人寫下他／她的夥伴說了什麼嗎？
- 您們中有多少人笑了？
- 您學到可以寫些什麼在個人評量裡面了嗎？

6. 請學員翻閱授課講義「培養有效工作關係的步驟」，並請大家看投影片，對討論進行總結。

　　下列的討論要點可以整合到這些步驟的討論。摘要討論並強調他們認識夥伴的過程與傳統的評量會談有什麼差異。此外，也花五至十分鐘分享一下他們從其他人身上多了解了點什麼。

討論要點：

1. 建立關係過程被視為發展案主─照顧經理關係很重要的最初步驟。

2. 您在剛開始階段發展親密感所花的時間，可以讓後續的評量及計畫階段成功或失敗。如果您的案主和您相處愉快，他／她將比較願意更開放地與您對話。花時間培養親密感可以促進會談過程，您可以蒐集到更多重要的資訊，並從中獲得更多樂趣。

3. 如果您與您的案主已經發展出親密感和信任，您將不會在詢問一些困難的問題時感到尷尬，例如有關如廁的問題；此外，您的案主也將能夠理解您蒐集這些資料的重要性，在談論一些議題時不會覺得那麼的不自在，例如：大小便失禁或財務狀況。

4. 當我們面對新的個案時，我們會對這個人形塑一個印象，而您的案主可能也正在評斷您。本質上，是您的案主在與您會談，他們可能問他們自己，為什麼您會來幫助他們？您想從他們身上得到些什麼？您的案主可能腦中正在思考著：「我該告訴她一些什麼呢？」、「我應該告訴她暖氣帳單的問題嗎？」、「我應該讓他知道我其實沒有辦法真正地洗澡，只能用海綿擦澡嗎？」、「如果我告訴她，她會把我送到護理之家嗎？」。

5. 身為照顧經理，我們需要去學習及認識我們的案主已經做了些什麼、如何做、他們從做中學到什麼、含括了與什麼人一起做，以及他們在克服困難時有得到哪些資源（內在及外在）。

6. 照顧管理服務最理想的氛圍是在與案主最初接觸的時候就開始了，這樣的氛圍必須具有引發建設性溝通及關係的技巧。在建立關係的階段，照顧經理藉著傳達關心及展現能力來發展信任，他／她可以藉著反映式傾聽（reflective listening），表現出體貼關心的態度，以及提供具體服務，像是開始送餐服務或處理案主暖氣帳單的問題。

這些行動對案主來說，象徵著照顧經理是有能力的、勝任的，以及是可信賴的。

7. 對老年長者的居家評量需要照顧經理具備良好的溝通技巧，包括：傾聽、詢問、釋義、澄清及摘要。有技巧的照顧經理懂得傾聽、詢問及回應的藝術，來獲取資訊、建立親密感、發展關係，及增進案主的認知。此外，在與老年長者進行溝通時，還有許多特殊議題和重點需要留意，像是聽力和視力的限制、語言能力損傷，以及心智功能衰弱等。

隨堂小筆記：

學習單元 **8** 執行建立關係過程

目的：

　　增進學員建立關係技巧及第一次會面互動的認識。本活動可以用來取代「找出共通性」練習（學習單元七），或者當作是學習單元七的補充教材。

時間概估：

　　40 分鐘

準備材料：

　　白板筆與電子白板；授課講義「成功第一次會面的問題」（見第 58 頁）

說明：

1. 邀請兩位自願者到團體前面進行會談，其中一位扮演照顧經理的角色，另一位則扮演案主的角色。

2. 向照顧經理說明，他／她有十分鐘的時間去了解他／她的案主。

3. 徵求二位字寫得快的自願者，給每一個人一支白板筆，請其中一位自願者在電子白板上記錄照顧經理的問題，

另一位記錄案主的回應。

4. 角色扮演結束後，讓會談者雙方給彼此回饋，以及跟團體分享他們所體驗到的。詢問他們是否注意到對方給予的任何非口語暗示，鼓勵他們分享在會談過程中是否感到受尊重，以及這個經驗對他們而言是否愉快。

5. 邀請團體指出，他們看到哪些行為是對建立工作關係有助益的。例如，雙方面都有分享資訊嗎？雙方的談話中有多少的自我表露呢？團體有沒有發現這個會談是引導性的、非結構的、專業取向的談話？這些會談的問題能夠提供一個有助於展開助人關係的開始嗎？

6. 檢視寫在電子白板上的問題，特別指出會談者問的問題與列在授課講義「成功第一次會面的問題」相同的部分。

學習單元 **9** 關係與葡萄汁

目的：

增進學員對建立關係及發展關係的認識。

時間概估：

50 分鐘

準備材料：

5×8 吋的空白索引卡片、筆或鉛筆、電子白板和白板筆、冷凍葡萄汁罐頭（如果方便取得的話）

說明：

1. 發下空白的索引卡片。在電子白板上畫一個葡萄果汁罐頭，或拿出一個真的冷凍葡萄汁罐頭。對團體成員說：「這是一罐冷凍的葡萄汁，我要您們想像您自己就是這瓶冷凍的葡萄汁罐頭。現在，請在您的卡片寫下，您想要如何被打開」。給學員三分鐘時間寫下他們的答案。

2. 在整個教室走動巡視一下，並請學員詳細描述他們的回答，將一些關鍵字寫在黑板或電子白板上，這時還不要討論或解釋。等所有的學員都寫好之後，問下列問題幫

助討論：

◉ 「要將您打開還需要使用什麼東西嗎？」

◉ 「誰該將您打開？」

◉ 「可能有什麼原因不要將您打開嗎？」

◉ 「如果您被打開了，我們該怎麼處理您呢？」

學員可能回答包括：

◉ 「慢慢地、小心地、溫柔地打開我，這樣您才不會傷害到我。」

◉ 「用電動開罐器，這樣比較快而且比較乾淨，也不會讓我那麼痛。」

◉ 「不要用開罐器，會割傷我。」

◉ 「先讓我融化，讓我坐在盤子裡暖一暖，這樣我就比較容易倒出來。」

◉ 「如果我還是冷凍的狀態，拜託不要用湯匙挖我。」

◉ 「妥善處置我，我不想在巷子裡被踢來踢去。」

◉ 「我壓根兒也不想被打開。」

3. 當學員都分享完回答之後，開始討論這個活動跟建立關係階段的親密（intimacy）的議題有什麼關係，例如：

● 案主對於照顧經理的涉入會有矛盾的感覺。

● 照顧經理對於跟案主有太多情感的涉入會有矛盾的感覺。

● 工作關係就是會面對親密議題。

詢問學員：「什麼是您的親密的風格？」「您如何增進

與案主的信任和親密感，這樣您的案主才不會覺得像是葡萄汁罐被打開、把裡面的東西倒出來，然後被丟到垃圾桶？」可能的回答包括：

- 健康的親密關係通常需要經過一段時間的培養。
- 親密關係的好處，包括感到被接納與關懷、誠實，以及相互信任。
- 我們和別人愈親近，會愈感覺脆弱（vulnerable），而且更容易讓別人傷害我們。
- 關係建立在信任、接納和彼此尊重的基礎上，有助於培養健康的案主—照顧經理工作夥伴關係的發展。

4. 界定信任的行為指標。從團體裡找出對信任的定義，以及他們如何描述一份信任關係，將學員的回應寫在電子白板或投影片上，找到至少十個信任的指標之後〔例如：誠實、關懷、真誠、「真實」（being real）、說到做到、積極傾聽、分享決策〕，摘要這些核心特質對照顧管理實務的重要性。請團體學員要留意一件事：對很多案主而言，要去信任一個人是很困難的，因為這會讓他們冒險去跟照顧經理分享他們的想法、感覺、缺點以及失敗。

5. 請學員想想，他們身為一位照顧接受者或照顧提供者的經驗，以此總結討論。是什麼樣的因素讓這個關係感覺是好的或是有幫助的？將下列幾點帶進討論：

- 照顧經理需要讓信任過程是自然地發展，並配合案主

的步調，而不是說些像是「您可以信任我！」的話，去逼迫案主信任。

● 照顧經理藉著信守承諾、堅持完成任務，以及保持穩定的接觸頻率，來證明他們是可以被信任的。

隨堂小筆記：

學習單元 10 建立關係的障礙

目的：

　　界定可運用的策略，以處理案主抗拒與他們的照顧經理建立關係。

時間概估：

　　60分鐘

準備材料：

　　筆記本或紙、筆或鉛筆；電子白板及白板筆；授課講義「建立關係的障礙」（見第60頁）

說明：

1. 請每位學員都找一位夥伴，翻閱授課講義「建立關係的障礙」。
2. 請二人小組討論列在授課講義上的障礙，並簡單寫下每個障礙可能的處理策略，大約給十五分鐘時間來完成。
3. 回到大團體。請團體成員分享每個障礙可能的解決策略。一般而言，團體會有很豐富的想法及解決方法。
4. 將學員的回答寫在電子白板或投影片上。

5. 討論學員對於案主拒絕建立助人關係的了解。照顧經理通常會用「抗拒」（resistant）來描述案主不願意完全參與助人過程。

6. 請學員列出在建立關係過程可能出現的其他形式的抗拒（授課講義之外的形式），可能的回答包括：

- 口語上的不友善、敵意

- 說是一回事，做又是另外一回事

- 否認他們需要幫忙

7. 肯定團體提出許多建設性的方法去處理案主抗拒的問題，邀請學員分享他們過去曾處理案主抗拒的其他方法。

8. 討論「接受案主會拒絕、不願意建立關係是正常的，尤其是在助人關係開始的階段」的重要性。了解並接受建立關係的障礙，是讓老年長者願意投入助人關係裡很必要的第一步，照顧經理必須試著持續地去了解案主抗拒的原因，這樣才能找出具建設性回應這些狀況的方法。

隨堂小筆記：

學習單元 **11** 聆聽案主的聲音

目的：

幫助學員從案主的觀點了解建立關係的過程。

時間概估：

90 分鐘

準備材料：

授課講義「獲取案主觀點的訪談問題」（見第 61 頁）

說明：

1. 翻閱授課講義「獲取案主觀點的訪談問題」。學員在案主提供有關他們自己的一些基本資料，及說明尋求照顧管理服務的原因之後，就可以開始問這些問題。

2. 在學員提出其他問題之後，總結與案主的分享。請工作人員協助受邀參與的案主先行離開。

給訓練者的話

　　這個活動提供二位或更多位正在接受照顧管理服務的老年長者有機會參與訓練課程，可能的話，邀請來自不同族群背景的案主，可以增進學員對於在建立關係時可能出現的文化差異多點認識。請案主先準備好相關的筆記，如他們的背景資料、為什麼他們會成為照顧管理服務的使用者，以及他們對他們的照顧經理最感謝的是什麼。

3. 報告者離席後，運用下列討論要點與學員討論他們對案主報告的回應。

討論要點：

1. 討論可以聚焦在如何與案主設定界限，以及友誼與專業關係的差異。一般而言，在案主回答的時候，會有一位或者兩位接受照顧管理服務的案主會將他們的照顧經理視為是他們的朋友；對案主而言，用友誼這個符號來界定彼此的關係，是很普遍的現象。

2. 藉由問學員「專業助人關係和友誼之間的差別是什麼？」來帶領團體討論，將學員的回答記錄在電子白板上，可能的一些回答如下：

   ● 助人關係有明確的目的和角色——幫助案主達成他們的目標，生活得愈獨立自主愈好。

● 助人關係有時間上的約束與限制。

● 助人關係應該對案主的幫助更勝於對照顧經理。

● 專業的助人關係並不包括從案主那裡得到支持或建議。

● 助人關係是有計畫的及控制性的關係，而友誼則是自然發展的。

● 在專業關係中，照顧經理會比案主得到更多的資訊，其權力是不對等的。

3. 詢問學員「何種程度的自我表露是適當的？」繼續進行討論，可能的回答如下：

● 適當程度的自我表露對發展助人關係及建立信任感是很重要的，只要這樣的表露是有目的地為了幫助案主。

● 助人關係中的自我表露，目的是要滿足案主的需求，而不是照顧經理的需求。

● 對每位照顧經理而言，令人舒服和適當表露的多寡與程度是不同的。

4. 總結整個學習單元，強調照顧經理並不是「付費的朋友」（paid friends），助人關係雖然是友善的，因為其中包含了溫暖、接納以及尊重，但卻不是友誼。案主必須了解他們與照顧經理的關係是有時間限制的，因此照顧經理必須投入相當程度的努力，來幫助案主建立與其他人真正的友誼關係。

您感受到優勢基礎助人模式的優勢了嗎？

　　試著與您生活周遭的其他人分享您學習到的觀點，也想想看，我們在自己的生活裡，是不是比較常以優勢觀點與人互動？為什麼在面對「案主」時卻要以疾病、失能的多寡來評斷他們需要多少的幫助？

　　身為優勢基礎的照顧經理，您應該要努力讓案主跟我們站在同一個被尊重的基礎上，即使天秤的兩端很難達到真正的平等！

照顧經理　　　　　　　　　　服務使用者

隨堂小筆記：

_____

_____

_____

_____

_____

培養有效工作關係的步驟

建立關係過程的基本要素包括下列：

- 在開始階段，以定期性及經常性的方式與案主接觸。
- 花時間探詢彼此共同的興趣，慢慢地相互認識。
- 要讓案主了解照顧管理關係對其有益（beneficial）。
- 接納案主對其需要處理議題的界定。
- 釐清專業人員、案主及照顧提供者之間的角色和彼此期待。

在建立關係過程中，照顧經理應該：

- 以開放地、談話式地的方式進行，而不是嚴謹、正式的會談過程。
- 對案主這個人以及他／她對其處境的看法表達感興趣之意。
- 配合案主的步調提供服務。
- 運用適當程度的自我表露。
- 不預先假設案主了解照顧管理服務是什麼，或者他們會想被幫助。
- 不要有先入為主的服務計畫。
- 創造一個充滿正面回饋及肯定的氛圍。

成功第一次會面的問題

第一次與案主會面可以視情境與案主聊聊下列的問題（提醒：這不是一份有固定順序的問話大綱）；有時案主家中展示的相片、獎狀／獎盃、圖畫／雕刻、布置……等等，都可能提供您一些開啟談話的線索；盡量以開放式的方式問話，可以開啟案主更大的談話空間。

您住在現在這個地區很久了嗎？您原本是住在哪裡？您一生中大部分的時間是住在哪裡？

您有幾個孩子（孫子、曾孫子）？他們住在這附近嗎？您會時常去看他們嗎？

宗教是您生活的一部分嗎？您在您的教會或聚會所裡活躍嗎？

您有參加任何社團或組織嗎？從參加到現在，您最喜歡的是什麼？

您接受過多少年的學校教育？您上過大學嗎（或您的最高學歷是什麼）？您還記得哪些學校生活呢？

您過去做過或目前還在做的工作有哪些？您沒有工作的時候是如何利用時間？

您最喜歡在休閒時間做些什麼事情？您喜歡怎麼安排每天的生活？

您閱讀嗎？您喜歡讀哪方面的書？

您喜歡看電影、電視嗎？您最喜歡哪些電影？您最喜歡哪些電視節目？

您曾經（現在）喜歡運動嗎？如果是的話，您曾經（現在）做過哪些運動？您喜歡觀看比賽嗎？您最喜歡哪些運動或球隊？您有喜歡的運動員嗎？

您喜歡哪方面的音樂？您以前（現在）會彈奏樂器或唱歌嗎？

建立關係的障礙

與案主建立關係的障礙 （情緒方面或行為方面）	照顧經理回應的建議
對照顧經理的猜疑	
對初步會面或後續的會面過早說「不」	
不讓照顧經理進到屋子裡	
對整體照顧系統感到極度的憤怒	
拒絕談論或回答問題	
用種族主義（racist）的方式和態度來溝通	
不遵守約定或不斷地改變已經約定好的時間	

獲取案主觀點的訪談問題

您會如何形容您的照顧經理？

您第一次與照顧經理會面的感覺如何？

在第一次會面的時候，您的照顧經理有做什麼事幫助您嗎？

在初步接觸之後，您的照顧經理有做什麼事對您而言是有用的嗎？

他／她做了什麼事對您來說是沒有用的？

您有什麼建議要給您的照顧經理嗎？

在您跟您的照顧經理的關係之中，您最想感謝的是什麼？

主題三

優勢取向的評量

Module 3

　　以優勢觀點進行評量（assessment）是一個整體性（holistic）的而非診斷性（diagnostic）的過程。照顧經理藉由幫助案主感受到控制感及有能力感，來增進他們對達成目標的信心與能力。如果認為對一個人的整體認識可以從診斷性的、功能性的或心理治療式的評量來獲得，這對案主是不公平和壓迫的行為。

　　在功能性的評量中，單純列出疾病及問題，不可能完整且正確地了解一位老年長者的優勢、問題因應能力、動機以及改變的潛能；運用優勢取向，其焦點不是單純地只看案主的問題，而是同時看重他／她的成就（DeJong & Miller, 1995）。這個焦點的轉變意味著關注老年長者所想望的、正在做的以及可以做什麼事情，來維持他／她的獨立自主。支持案主的優勢，照顧經理要能夠真誠地相信案主對他／她自己的問題是有能力處理的。

　　Maluccio（1981）發現，照顧經理傾向於忽略或低估案主的優勢，關注的焦點是擺在案主的問題與不足，如此將使得他／

她無法察覺案主成長的潛能、增強自信心及自我尊重,當案主認為不需要他們的時候,就中止服務。

絕大多數的照顧經理都知道要肯定案主的優勢,然而,在主要的評量及照顧計畫工具裡,只留有一點點空間用來記錄案主的優勢,使得這個理念無法實現;實務上,照顧經理很少會將案主的優勢整合到照顧計畫中,提供服務或進行活動來極大化或提升案主既存或潛在的優勢(Kivnick, 1993)。安排服務是要維持或提升老年長者的自我意識,而非削弱;但是,照顧經理很容易回到舊有的習慣,而專注在案主的診斷與問題上。因此,優勢清單是幫助照顧經理實踐重視案主優勢、資源以及潛能的機制。整體而言,以優勢觀點進行的評量,能夠肯定並尊重老年長者的尊嚴與自我價值。

運用優勢評量的好處

優勢取向的評量協助照顧經理從全人的觀點去認識老年長者,這樣的取向也會幫助建立正向的互動關係及親密感。發展並培養案主—照顧經理的關係可以幫助照顧經理認識案主個人獨特的特質及生活經驗,以避免案主不想要的或是不必要的正式服務;運用優勢清單所建立的關係,可以幫助照顧經理了解哪些成功的經驗可以規劃到照顧計畫裡,且不會忽略或取代非正式照顧提供者所付出的努力。此外,優勢模式的服務與資源是以案主的想望為基礎,而不是只從既有的正式服務項目中作選擇。

降低照顧管理成本及付費服務的使用，也可以藉由評量方法達成，此評量重點是以案主的知識與動機為基礎去規劃行動計畫，而不只是依據專業對疾病與生理功能限制的判斷；這樣的評量過程也藉由強調運用自然既存資源來降低正式服務成本。優勢清單的結構與格式，能夠幫助照顧經理更容易發現案主的環境和社區中可獲得的資源，不需要找很多正式服務提供者來填補案主個人支持網絡的空隙（Fast & Chapin, 1996）。

優勢清單

製作優勢清單的目的，是要運用案主現在或過去所依賴的優勢來解決當前的議題及滿足需求。優勢清單是從個體在個人及環境中六個相互關聯的生活領域去蒐集資訊：日常生活狀況、健康、財務／保險、社會支持、休閒娛樂，以及靈性／宗教信仰。優勢清單是一種系統性的策略工具，用來辨認出案主的優勢，並運用其優勢以協助他們達成目標。

優勢清單用六個生活領域的架構，來蒐集有關老年長者目前的生活情況、對未來生活的想望與需求，以及過去成就的相關資訊；前面三個生活領域都與基本生存所需有關，後面三個則是與有意義的生活品質有關。優勢清單的假設前提是：個體的行為受其生命歷史、所處社會脈絡及需求所影響；從每個生活領域找出這些訊息，可以引導及支持個別目標計畫階段所規劃的短期目標。

優勢清單能夠幫助照顧經理進入案主的世界，看到案主個

人及環境所存在的資源，而不是所缺乏的技巧、能力、支持等等；其核心原則並非這個人有（has）怎樣的生活，而是這個人想望（wants）過著怎樣的生活，並提供所需的資源來滿足他們的想望。老年長者與照顧經理一同尋找案主能夠運用的個體層面與社區層面的資源，以及界定在各個生活領域中，案主優先重視或感覺比較急迫的照顧計畫。

優勢清單很難取代既存的標準化功能／資格評量，許多運用政府基金的救助及照顧安排已經設定規範，服務必須依據問題、失能的類型或數量來提供；即便情勢如此，優勢評量過程的價值並不因此喪失，如果是用優勢評量來「補充，而非取代既存的評量」（Kisthardt, 1992, p. 69）。

「我的肉身和我的心靈，雖已憔悴；天主卻永是我心的福份和磐石。」（聖詠 73:26）衰敗的身軀與退化的心智不必然是生活的障礙，端視我們如何去衡量生命的價值與存在的意義。

學習單元 12 優勢評量的基礎

目的：

讓學員了解在訂定個別目標計畫方面，優勢評量的過程與功能性評量的差異。

時間概估：

60 分鐘

準備材料：

授課講義「Sam」與「Elaine」案例及其討論問題（見第 76 頁及第 78 頁）

說明：

1. 優勢模式將建立關係與評量區分開，是因為在初期接觸時，與案主建立親密關係是很重要的一件事，必須特別點出來；然而，實際上這兩個功能並沒有明確的步驟分野。建立關係時所蒐集的資料常變成評量階段的起點，爾後，這兩個功能也經常相互結合進行。這個練習單元是希望學員在正式使用優勢清單工具之前，能夠先對優勢基礎的評量過程有更多的了解。運用案例討論的方式

來介紹下列活動與原理。

2. 將團體分為兩組，請學員閱讀「Sam」與「Elaine」兩個案例，並於問題空白處寫下他們的答案。這個活動可以有十五到二十分鐘的時間。在閱讀完這些案例之後，有些學員可能會要求獲得更多一點的資訊，與其給他們更多有關的訊息，您可以請學員先將他們的問題寫下來，在討論到相關議題的時候再提出來討論，這樣可以更加強學習的效果。

3. 將案例討論的問題以投影片呈現或寫在黑板上。請二組成員向團體報告他們的答案（第四個問題可能會有很多不同的回答）。

4. 當小組分享他們的答案時，引導學員將 Sam 或 Elaine 的優勢與所提到的關懷議題、需求與想望整合。假如學員認為，從兩位案例的陳述都看不出「Elaine」與「Sam」他們生活中特定想要改變的事情，則請團體從個案的情境中去察覺可能的線索。

5. 向二個小組說明，您看到團體是如何將 Sam 和 Elaine 的優勢當作一種處遇的工具，並將他／她的需求做清楚地描述，以此總結本活動。如果可以的話，從中找出一些回答是專業領域所關心，同時也是優勢基礎策略所強調的部分。恭喜學員能夠在不使用結構式、系統式的評量工具下，也有辦法去組織、整合重要的評量資訊。最後，強調這個活動的目的，基本上，學員已經進行了一次基

礎的優勢評量。

給訓練者的提醒

　　服務的安排應基於維持，而非削弱老年長者他／她的自我意識，您的職業倫理要求是「不傷害」（do no harm），並且在會談後不讓案主感到自己很糟糕。唯有發展生活計畫（life plans），而非照顧計畫（care plans），老年長者才可能生活得有意義。

隨堂小筆記：

學習單元 ⑬ 製作一份優勢清單

目的：

幫助學員熟稔進行製作優勢清單所需的知識與技巧。

時間概估：

120 分鐘（2 個小時）

準備材料：

授課講義：(1)「優勢清單（樣張）」（每位學員二份）、(2)「Ann 的優勢清單」（同時也製作(1)(2)的投影片）、(3)「製作優勢清單」、(4)「探討優勢清單的問題範例」、以及(5)「優勢清單的基本要素」（見第 80 頁至第 88 頁）；鉛筆或筆；投影機與簡報筆；電子白板與白板筆

說明：

1. 介紹優勢清單，說明其應用在服務老年長者的有力理由：

   ● 「生活（life）不只是 ADLs 及 IADLs」。長期照顧服務典型的服務輸送方式很容易讓照顧經理只看到老年長者有許多服務需求，這些需求運用標準化的評量來分類，也就是所謂的日常生活活動（activities of daily living, ADLs）及工具性日常生活活動（instrumental activities of daily living, IADLs）。因為太強調 ADLs 及 IADLs，所以服務提供者傾向於簡化生活的意義，圍繞著老年長者 ADLs 的數量多寡團團轉；很可悲地，老年長者很快就學會知道如果要獲得協助，也必須用這樣的詞語來衡量自己。

● 優勢基礎的評量努力維護老年長者的尊嚴和自尊。事實上，評量過程的結果會對老年長者產生很巨大的影響，標準化的功能評量或醫療模式的評量，可能會強迫老年長者要面對功能的喪失，而事實上，他們可能認為自己還是很獨立的。優勢清單試著不要簡化老年長者生活的真實面貌——包括他們的希望、信念、生活歷史、喜好及厭惡，還包括許多的問題。

2. 放優勢清單樣張的投影片，請學員參考他們的講義。請向學員說明優勢清單的格式及架構。優勢清單共分為三欄六列，前面兩欄蒐集的資料是有關老年長者目前的狀況，及對未來的想望和需求，第三欄是有關過去成就表現的資料，每一欄都以六個生活領域為架構。前三種生活領域（日常生活狀況、健康、財務／保險）是與基本生存需求有關；後三個（社會支持、靈性／宗教信仰、休閒／娛樂興趣）則是強調有意義的生活品質。

3. 放「Ann 的優勢清單」投影片，並請學員參考他們的授課講義。運用這份清單向團體說明如何在下列的生活領

域裡蒐集有關個人過去、現在狀況及未來想望的資料：

● 日常生活狀況──重點是居家環境、交通、是否獨居、是否能夠滿足基本物質需求，像是洗衣和購物。

● 生理／心理的健康──包括個人生理及心理健康的狀態，以及保持或增進生理及心理健康所需的資源，像是飲食、醫療和設備。

● 財務／社會保險──有關收入的來源和金額、私人保險計畫，以及一般性給付，像是聯邦醫療保險（Medicare）和社會安全（Social Security）之類。

● 社會支持──包括家人、鄰居、寵物、教會及其他的社會接觸（例如：理髮師、咖啡店的服務生，以及其他每天碰面的助人者）對個人生活的意義。這個領域可以包含人、活動、動物以及物品。

● 靈性／宗教──重點在信仰、靈性及正式宗教在個人生活裡所扮演的角色和關聯。

● 休閒／娛樂興趣──著重在帶給個人生活愉悅及歡樂的活動、興趣和嗜好。

4. 在調查樣張的投影片上畫箭頭表示，會談可以如何依據案主回答照顧經理問題的內容，從一個生活領域轉到另一個生活領域，強調評量過程是由案主選一個生活領域來開始的。例如，如果案主表示他過去很喜歡打高爾夫球，照顧經理可以將資料填到休閒活動這個領域；如果後來案主陳述他停止打高爾夫球是因為他怕跌倒，這樣

照顧經理就要移到健康這個領域，因為案主已經轉移了討論的焦點。

5. 在投影片或電子白板上寫「不必煩惱資料該填入哪個空格」。提醒學員比較重要的是將資料填到某個空格裡，沒有填寫正確或錯誤的標準；如果不確定的話，可以詢問案主他／她想要把資料放在哪個領域。

6. 在投影片或電子白板上寫「要具體且描述性」（Be specific and descriptive）。告知學員在記錄案主回答時，很重要的是要以具體且描述性的陳述方式表示。如果案主說他／她喜歡打橋牌，需要記錄的資料應該包括和誰打、多久打一次；此外，學員要了解優勢清單是持續進行的本質，案主的資料應該隨時更新和修改。

7. 運用授課講義「製作優勢清單」說明完成一份優勢清單的綱要。並與學員一起閱讀授課講義「探討優勢清單的問題範例」。

8. 看完「製作優勢清單」講義之後，請團體成員去找上次在建立關係練習時的那位夥伴（學習單元七）。翻閱第二份授課講義「優勢清單（樣張）」。請每一對的二人都練習訪談對方，並將他／她的優勢記錄到優勢清單的空格。如果小組裡的個人是扮演他／她自己的話，練習活動會比較有效。可以角色扮演照顧經理或案主二者中有一方想要阻礙溝通的進行。

9. 小組完成彼此的優勢訪談之後，請學員回到大團體來，

並請大家分享他們在優勢清單訪談裡的經驗，可以問大家下列的問題：

● 「您們喜歡或不喜歡優勢清單裡的哪些部分？」

● 「這種方式和您們之前曾使用過的評量工具有何不同？」

10. 在學員分享完他們的想法和感覺之後，詳細說明並將下列帶入討論：

● 您會發現，優勢取向並沒有使用典型的話語，像是「需要按時服藥」或「需要增加社會技巧及社會化」，反而強調傳統評量跳過的動機，即案主的想望與需求。

● 優勢清單使用案主的語言。

● 優勢清單是一個共同分享的活動（joint activity）。

● 案主可以述說他／她的故事，無須被任何結構性的問題所限制；而照顧經理可以順著被告知的訊息來了解案主。

● 優勢清單對生活領域的了解，可以提供評量過程的引導及方向。

11. 以授課講義「優勢清單的基本要素」總結這個活動。這份講義幫助學員了解運用或不運用像優勢清單這類的工具，如何將優勢評量過程與日常工作整合的重要性。在個案負荷量大的狀況下，優勢清單及個別計畫的工具可以運用在處於安置護理機構危機及個人面臨特殊心理或社會議題的個案上，也可以用來提供機會解決及調解案

主的服務及支持系統之間的衝突。

隨堂小筆記：

Sam

　　Sam 是一位八十歲的喪偶者，六個月前搬到現年四十五歲的兒子家居住。八年前，他從會計師的工作崗位上退休。他的記憶力沒有受損，但是他現在必須花比以前更多的時間才想得起一些事情，令他感到有點挫折。Sam 的白內障使得他沒有辦法開車。

　　最近，他常因為三個正處於青少年期孫子的收音機、電動玩具，以及朋友聚會的吵鬧聲響，而感到焦躁不安。Sam 不喜歡服用降血壓的藥，因為藥中所含的利尿成分會造成膀胱控制的問題，有時候這種情形會變得很尷尬；漸漸地，他變得不太參加社交聚會。Sam 晚上睡不著，因為他「感覺不太舒服」。他已經對吃沒什麼興趣，說：「食物對我來說，已經吃不出味道好壞了。」

　　Sam 的家人對於他不願從事嗜好活動也拒絕參與任何戶外的休閒活動，感覺很挫敗。不過，Sam 倒是蠻享受在夜晚時，一邊聽他的有聲書，一邊小酌一兩杯酒。家人白天都外出上班或上學，一直到傍晚之後才回家，他們很擔心 Sam 白天這麼久的時間都獨自一人待在家裡。

討論問題：

Sam 有哪些優勢？

_____

_____

Sam 有哪些失落？

_____

_____

身為參與這個案例的一名專業人員，您會關心哪些方面的議題？

_____

_____

運用上述的優勢，請指出可以幫助 Sam 滿足他的想望及需求的可能選擇。

_____

_____

Elaine

Elaine今年七十四歲，獨居在一棟退休大樓裡。她有三個小孩，但是沒有任何親人住在她附近。六年前，因為關節炎使她行動變得很不方便，聽力也愈來愈差，所以她就從小學老師的工作崗位上退休。

她有兩位親密的女性朋友在最近六個月之間相繼去世了，這令她感到無比的孤單與悲傷。她的隔壁鄰居留意到 Elaine 的三餐飲食不正常，常常忘記什麼時候進食，或者有沒有進食。鄰居表示，Elaine常談到她那隻十歲的貓、孫子的來訪，以及她的拼布繡。Elaine的公寓裡到處都是過去三十年執教生涯的兒童讀物、到世界各地旅遊所蒐集的紀念品，以及她蒐集的古董。

Elaine很擔心會變得要完全依靠別人，以及會被安置到護理機構。因為 Elaine 曾經有一次助行器被卡在電梯門中，所以，只要想到要進入電梯就會令她感到恐慌、呼吸急促以及窒息感。因此，與其冒險外出，Elaine寧願待在家中，依偎著她的貓，讀讀書本，以及打電話給朋友尋求安慰。Elaine也拒絕去看醫生。

討論問題：

Elaine 有哪些優勢？

_____

_____

Elaine 有哪些失落？

_____

_____

身為參與這個案例的一名專業人員，您會關心哪些方面的議題？

_____

_____

運用上述的優勢，請指出可以幫助 Elaine 滿足她的想望及需求的可能選擇。

_____

_____

優勢清單（樣張）

照顧經理姓名：＿＿＿＿＿＿＿＿＿＿＿＿＿＿＿＿＿＿＿

案 主 姓 名：＿＿＿＿＿＿＿＿＿＿＿＿＿＿＿＿＿＿＿

目前狀態 我現在有什麼？	個人的期待／願望 我想要什麼？	個人／社會資源 以前我用過什麼資源？
	生活領域	
	日常生活狀況	
	健康	
	財務／保險	
	社會支持	
	靈性／宗教信仰	
	休閒／娛樂興趣	

接續下一頁

我的優先排列順序是？

1.
_____

_____

2.
_____

_____

3.
_____

_____

4.
_____

_____

5.
_____

_____

照顧經理的意見：	案主的意見：
照顧經理簽名　　　日期	案主簽名　　　日期

Ann 的優勢清單

目前狀態 我現在有什麼？	個人的期待／願望 我想要什麼？	個人／社會資源 以前我用過什麼資源？
	生活領域	
75 歲的婦女，住單人房公寓，房間用自己畫的風景畫裝飾得很漂亮，公寓維持得不錯，沒有開車，喜歡烹飪，VNA 編譯註二提供居家照顧服務	日常生活狀況 「我希望我的公寓有第二個房間，可以當作畫室」；喜歡有人定期來探訪；對於大樓管理員不讓她養貓這件事感到很挫折	「去年兩次住院治療：兩個星期做乳癌手術，一個月治療嚴重憂鬱」；「我剛搬到這裡」；一年前她的丈夫 Jim 過世時，曾和她的女兒在舊金山住三個月
「我的精神和體力常常起伏不定」；有持續性的憂鬱，目前服用 Zoloft（一種抗憂鬱的藥劑）編譯註三；抽濾嘴式香菸；關心的健康議題：癌症、骨質疏鬆及關節炎	健康 「我真的想要戒掉這個習慣〈抽煙〉」；想找個有氧運動的課程；「我想要遠離醫院」	「以前當我感到沮喪時，我會做沈思默禱」；「Jim 還在世時，我是個素食者」；現在都在外面吃飯或吃冷凍食品；她跟她先生都曾參加潛水活動
有社會安全給付；少許教師年金；小額存款；聯邦醫療保險 A 和 B 編譯註四；家人偶爾協助紓困	財務／保險 想要增加每個月的收入；「我非常希望每個月有足夠的收入」；想要有一筆錢可以去旅行	「當老師讓我有很好的收入」；她將大部分的房子拍賣所得及存款用來支付 Jim 的醫療費用
Ann 的哥哥 Sam（90 歲）和她的姊姊 Rita（83 歲）一起住在他們雙親的房子，離 Ann 有幾條街的距離；Ann 很少跟鄰居來往，他們大多還很年輕	社會支持 想要跟女兒及兒子有更多聯絡，兒子是職業軍人，現在住在歐洲；希望有多一點的朋友可以拜訪且處得愉快；「我真的很思念我的小孩，如果能更常看到他們更好」	以前有很多的朋友；以前參加畫展，作畫（水彩畫）是財務和社交支持的來源；在 Jim 死前就參加衛理公會教會；前一位照顧經理「真的很幫忙」，也很「支持」
日子過得「渾渾噩噩，有時我真不知該如何過下去」；星期天早上會收看宗教性電視節目	靈性／宗教信仰 「我到教會都覺得不太舒服，我真希望能與上帝有更多連結」	「我在教會裡教小孩子的主日學好幾年」；「我已經沒什麼體力可以那麼常到教會了」

接續下一頁

目前狀態 我現在有什麼？	個人的期待／願望 我想要什麼？	個人／社會資源 以前我用過什麼資源？
	生活領域	
Ann有水彩畫的器具，但「想不出來要畫什麼」；有時覺得要帶畫具外出有點困難；會看一些繪畫的電視節目	休閒／娛樂興趣 有興趣每星期花幾小時在老人活動中心當志工；「我想要跟一群畫家一起畫畫」；「我只是想要重新找回快樂，多點樂趣」	她的好朋友 Dorothy 最近死於乳癌；曾參加過畫家團體跟藝術課程；Jim 還在世時，常打電話給女兒，但是電話費用很貴；「我以前常讀書，但現在常讀一會兒就去小睡一下」

我的優先排列順序是？

1.「我想要搬到大一點的公寓」。

2.「我想要遠離醫院」。

3.「我只是想要重新找回快樂，多點樂趣」。

4.「我想要重新回到我的繪畫世界」。

5.

照顧經理的意見：	案主的意見：
照顧經理簽名　　日期	案主簽名　　日期

製作優勢清單

原則

- 從一個生活領域的「此時此地」（here and now）開始。
- 了解案主在該生活領域的期待、希望及願望。
- 探索案主以前使用過的個人及社區的支持。
- 從諸多生活領域裡分辨案主個人的優先順序。
- 優勢清單的過程沒有終止點，這個過程可以不斷地重複再重複。

提醒

1. 要記得優勢清單是一個持續性的過程，但這並不是結構性的訪談。比較理想的狀況是，在您與案主相處一段時間之後，才開始製作優勢清單。

2. 從您對案主所認識的點開始進行調查。過早詢問個人私密性的問題可能會破壞人際間的界線（boundaries）。優勢清單可以分成好幾次來完成。

3. 不需要在第一次或幾次談話之後就將整個表格填完，依循案主的步調，討論他／她想要談或不想要談的領域，從一個領域談到另一個領域要像平常談話一樣。

4. 讓您的案主知道您正在寫些什麼，詢問他／她願不願意

提供一些相關訊息。引述案主的話，並以案主能夠理解的語言書寫。

5. 第一優先是從案主那兒蒐集資料。案主是您的主要資料來源，案主的照顧提供者是次要來源。

6. 您可以跟案主一起填寫清單，或者在談話結束後再做記錄。在填寫生活領域的過程中，要檢視每個部分，並確認您的案主對於資料記錄的方式感到滿意。在整個助人關係中，都要持續地修改及更新這份清單。

7. 在您與您的案主依照其需求的重要性排出優先順序之後，優勢清單的工作就可以告一段落。所標示出的需求優先順序，可作為後續討論個別目標的起點。

8. 清單完成後雙方都簽名，印製一份清單的影本給案主。

探討優勢清單的問題範例

目前狀態 我現在有什麼？	個人的期待／願望 我想要什麼？	個人／社會資源 以前我用過什麼資源？
	生活領域	
◎ 您在烹煮餐食、洗澡、做家事雜務等方面做得怎麼樣？ ◎ 您使用哪些形式的交通工具？ ◎ 您覺得在家裡安全嗎？	日常生活狀況 ◎ 生活中的哪些部分對您而言是很重要的，且您仍持續負責照料？ ◎ 您對您目前的居家狀況多麼滿意？ ◎ 雖然您希望您是不需要別人幫忙的，但怎樣可以讓您在接受幫忙時好過一點？	◎ 您喜歡或不喜歡的家務事是哪些？（例如：小孩、婚姻、晚年生活）
◎ 您覺得您的身體狀況如何？ ◎ 您有做些什麼事來照顧您自己的健康嗎？ ◎ 您服用哪些類型的藥物？ ◎ 您的飲食習慣如何？	健康 ◎ 您可以做些什麼讓您自己覺得舒服一點？ ◎ 您想要感覺健康狀況如何？	◎ 跟我講講您這幾年來的健康狀況——您如何處理您的重大疾病和受傷？ ◎ 以前您覺得心情低落或憂鬱時，您都如何處理？ ◎ 當您得到協助時，您感覺如何？
◎ 您有哪些形式的保險？ ◎ 您有接受任何給付或補助嗎？是屬於哪一類型？ ◎ 您能夠處理您的財務嗎？	財務／保險 ◎ 什麼東西能夠帶給您安全感？ ◎ 能夠做點什麼，讓您比較能夠繼續住在這裡嗎？	◎ 您曾從事哪些工作？ ◎ 您過去最好的工作經驗是如何？ ◎ 過去您遭遇困苦的時候，是什麼幫助您度過？
◎ 請跟我講講您一週大概都怎麼過？ ◎ 您生命中最重要的人是哪些？	社會支持 ◎ 您想更常見面或得知消息的是哪些人？ ◎ 有什麼事是您期待您的家人或朋友為您做的嗎？	◎ 以前您曾找過誰幫忙嗎？ ◎ 以前有誰曾找過您幫忙？ ◎ 誰曾經是您生命中重要的人物？

接續下一頁

探討優勢清單的問題範例

目前狀態 我現在有什麼？	個人的期待／願望 我想要什麼？	個人／社會資源 以前我用過什麼資源？
	生活領域	
● 對您而言，宗教信仰、教會或靈性歸屬有多重要？ ● 在您現在的生活中，帶給您希望的是什麼？	靈性／宗教信仰 ● 有任何事物能夠讓您對生活更滿意嗎？	● 您最感到驕傲的成就是什麼？ ● 在過去，您有哪方面的靈性歸屬嗎？
● 您喜歡做哪些活動？ ● 有什麼事物會讓您感到高興嗎？	休閒／娛樂興趣 ● 有什麼嗜好或興趣是您希望更經常進行的嗎？ ● 有什麼是您一直想要學習，但卻一直抽不出時間來進行的嗎？	● 您以前沒有工作時，都如何安排時間？ ● 您過去喜歡和家人或朋友做些什麼事？ ● 您現在還持續做哪些事情？

優勢清單的基本要素

在我們的工作體系中可能有很多的障礙，像是龐大的個案負荷量，使得我們很難進行完整的優勢評量，但是實務工作的優勢評量過程，至少應該包含下列項目：

● 了解案主在過去是如何因應處理其困難。

● 詢問案主在他／她的生命中所想望的和需要的是什麼。

● 焦點放在現存的或潛在的個人與環境的優勢、興趣以及資源，而不是案主的問題或缺點。

詢問的基本問題包括：

● 誰是您生命中的重要人物？

● 您都做些什麼來填滿日子？

● 是什麼讓您覺得值得活下去？

● 您目前生活得比較順利的是什麼部分？

主題四

照顧計畫與執行

Module 4

　　傳統上，在照顧計畫期間，照顧經理會界定適當的資源、決定誰該提供哪一項服務，以及安排服務提供的類型及頻率；隨著時間的發展，照顧經理會去評估這個人的狀況，然後決定是否需要調整計畫。但是，傳統的作法並沒有將下列因素納入考慮：

- 個人的喜好及興趣。
- 個人及照顧提供者的參與發展照顧計畫。
- 個人的需求，在進行個別計畫及目標設定時。
- 個人的能力，能將他／她的優勢併入到計畫過程中。

　　在傳統的照顧計畫中，案主是最常被忽略的那個人，或者只是簡單地詢問一下他／她對服務的滿意度；但是照顧計畫如果想要成功，應該要能反映案主的目標、想望以及需求。這樣老年長者與照顧經理之間的合作，將能夠減少危機的發生，以及提高成功目標達成的可能性。

　　研究證實，大多數成功的照顧計畫都是依據案主的動機來決定照顧經理提供的服務。由芝加哥大學（University of Chicago）進行的一份研究顯示，由案主自己界定或是經由案主—照顧經理的共識所標定的問題，能夠產生較佳的處遇結果。當目標是屬於案主自己的，且以案主的語言來陳述時，目標會設定得比較好；如果照顧計畫是以失敗的結果收場，顯示照顧經理與案主之間缺乏「動機的一致性」（motivational congruence）（Epstein, 1988）。

案主導向（client-driven）的照顧計畫與執行

工作者導向（practitioner-driven）的照顧計畫在大多數的長期照顧服務機構中，是以例行性的方式提供案主的服務及目標計畫。許多老年長者，尤其是女性長者，大半輩子都是處於依賴或附屬的地位，他們的喜好很少被列入考慮或被了解，這些人可能會遲疑或不願意說出或表達他們的夢想、希望或願望。

優勢模式的個人計畫目標是從個體的生理及心理考量開始，並與他／她一起朝向更高層次的參與。照顧經理的主要目的在於增強案主決策的信心及擴大可選擇的範圍。由案主來做決定是很重要的一件事，無論是多小的決定，照顧經理的工作則是提供案主許多可替代的選擇。

提升案主的參與能夠產生很好的收益（payoff），即較佳的照顧計畫成效。照顧經理可以少做一些錯誤決定，也可以降低作為「全知」（all-knowing）資源專家的焦慮；依循案主和他／她的主要照顧提供者所決定的方向，照顧經理比較能夠避免做出有害服務的錯誤。

　　照顧經理在發展照顧計畫時，首先任務就是要將廣泛的目標分解成可處理的部分。分解目標成為可處理的部分，包括將之切割成有具體明確行動的短期目標或任務（Rapp, 1998）。當這些選擇都有了之後，照顧經理要協助案主從中選擇最想要達成的。確保老年案主有不同的選擇權利是非常重要的。此外，案主導向的目標設定能夠幫助去除照顧計畫中的神祕因素，並且強化案主－照顧經理的關係。

個別目標計畫

　　個別目標計畫（the personal goal plan）是案主導向的照顧計畫，幫助老年長者能夠獲得其生活中所想望及需求的。個別目標計畫跟傳統的照顧計畫不同，個別目標計畫將案主所需要的與他們所想望的融合在一起，個別的及服務的目標是依循案主認為他／她有動力去努力的範圍來規劃；長期目標是依據案主在優勢清單裡所排列的優先順序而定。製作優勢清單的過程被視為工具，作為引導及促進發展照顧計畫時需要做的決定，這個計畫爾後成為指引目標的地圖，以及要執行任務的說明（Kisthardt, 1992）。

　　藉由進行個別目標計畫，讓照顧經理展現承諾，幫助案主達成其長期目標所需採取的行動。照顧經理的角色是積極協助案主將長期目標分解成小的短期任務或目標。「照顧經理必須思考這個目標是不是他們可以跟顧客（consumers）一起做的，或者是他們可以為顧客做的。」（Kisthardt & Rapp, 1992, p.

115）在優勢基礎的照顧管理裡，一起做（do with）比為案主做（do for）更好。

照顧經理同時也和案主一起分派責任給可能的非正式及付費的助人者，在後續的訪視中，也要適時地檢視以及調整目標與助人者；照顧計畫也要將案主的直接支持圈外的助人者納入為計畫的一部分〔例如：鄰居、教會團體、社區社團（civic clubs）、其他社區資源等〕。

個別目標計畫的過程基於一份信念，即人們的成長是建立在對自己生活有意義的事情上努力所獲的成功，因此，即使很小的成功也能夠帶來全新的投入、個人的成就，以及生活品質的提升。

「我為基督的緣故，喜歡在軟弱中，在凌辱中，在艱難中，在迫害中，在困苦中，因為我幾時軟弱，正是我有能力的時候。」（格後 12:10）風雨生信心，「為信的人，一切都是可能的！」（谷 9:23）

學習單元 14 *目標為什麼會成功或失敗*

目的：

幫助學員了解目標設定的重要性，以及目標成功或失敗的原因。

時間概估：

40 分鐘

準備材料：

電子白板及白板筆

說明：

1. 問下列問題，並將學員的回答寫在電子白板上：

● 「在您的機構裡，照顧計畫是如何進行的？」

● 「為什麼界定良好的目標對有效的照顧計畫是不可或缺的？」提供學員補充資訊：界定良好的目標能確保有效利用有限的時間、有效率地達成希冀的成果、增加案主的希望及與照顧經理一起努力的動機，並且也能增進照顧經理的滿意。

● 「為什麼要跟老年長者一起設定目標？」提供學員補

充資訊：目標設定能夠幫助界定助人過程的焦點、界定案主對其照顧提供者的期待，以及釐清每一個人可以做些什麼，來幫助案主達成他／她的目標。

2. 與學員一起腦力激盪為什麼目標會失敗。可以詢問學員：「您們當中有多少人曾經設定了目標但卻沒有達成？為什麼會失敗呢？」學員可能的回答包括下列：

- 目標設定過高／是絕對地、壓倒性地（overwhelming）無法達成

- 目標設定過低／案主覺得無聊

- 目標達成的時間不切實際

- 缺乏達成目標所需的資訊

- 目標與其他的優先順序相衝突，或者案主同時要完成許多目標

- 案主害怕嘗試，或對結果感到害怕

- 在過程中，當步驟一步步完成時沒有得到肯定

- 缺乏達成目標所需要的支持

- 目標缺乏樂趣，或是缺乏附帶的愉悅感

- 達成目標所需要的資源無法獲得

- 案主缺乏技巧來達成目標

3. 將學員所說的目標失敗的原因寫在電子白板上，鼓勵團體針對這些原因提出更廣泛的討論，下列問題可以促進討論為什麼目標會失敗：

- 「您們當中有多少人會在新年許下新願望？」

● 「有多少人會依照您的新年願望去進行？」

● 「如果沒有的話，那是怎麼回事？為什麼目標會失敗呢？」

4. 詢問學員他們目標失敗的原因跟案主的情形是否有相似之處。「在電子白板上所列的，跟您的案主目標失敗的原因是相似還是不同？」將下列幾點帶入討論：

● 案主目標失敗的原因與我們所有的人都是一樣的。

● 精神上及生理上的障礙，可能使得案主目標不能達成的原因更嚴重複雜。

● 目標失敗的原因通常是跟目標本身有關，而不全然是因為健康或心智方面的問題。

● 當案主沒有達成他們所期待的目標時，照顧經理應該要去探討為什麼行動的計畫沒有辦法成功地進行；了解並指出案主所面臨的障礙，以及他們為什麼缺乏高度動機來遵行計畫，是成功目標達成的關鍵。

5. 總結這個學習單元，強調設定案主具體目標的重要性。優勢模式的計畫方法可以增進案主目標的達成，這些將在學習單元十五及十六進行討論；也會在學習單元十五及十六進一步討論成功目標達成的指標，包括下列：

● 案主對其計畫感到有所有權感（ownership）。

● 目標有分解成清楚且具體的行為步驟。

● 目標不會與其他優先順序或所需要的相衝突。

● 目標與個人所擁有的技能及可獲得的資源是相配合的。

學習 單元 15 發展可行的目標

目的：

幫助學員了解，並能應用個別目標計畫的目標陳述標準。

時間概估：

50 分鐘

準備材料：

授課講義「成功目標的標準」及「學員目標範例」（見第 106 頁及第 108 頁）；鉛筆或原子筆

說明：

1. 翻閱並瀏覽授課講義「成功目標的標準」中的每一個標準。如果需要的話，可以在進行活動前先提供一些案例。

2. 翻閱授課講義「學員目標範例」，請學員將目標設定的標準應用到每一個例舉的目標。授課講義裡包括寫得不太好及寫得好的目標陳述。如果目標不符合標準，鼓勵學員將之改寫成符合標準的短期目標陳述（在授課講義「學員目標範例」中，大部分的目標陳述都不符合一項或更多項的標準）。

3. 團體充分討論後，邀請個別學員分享他們的答案。有很多可能的方法可以改寫例舉的目標陳述，使之更符合五項成功目標的特質，針對每個不符合標準的短期目標，討論一些可能的選擇（Kisthardt, Gowdy, & Rapp, 1992）。向學員解說為何有些符合，有些不符合成功目標的標準，並鼓勵學員討論下列目標失敗的原因：

● 「Joe 了解他必須停止對他的居家服務員（homemaker）咆哮的原因」這個目標不是以正向的話陳述，也沒有聚焦於行為。「Joe 每個禮拜會對他的居家服務員說一句好聽的話」就比較有達到這二個標準。

● 「照顧經理會對 Anna 提供持續性的支持」這個目標對案主來說可能是無法了解也不具意義的，而且也不具體。Anna 能夠理解會有什麼支持，或會以什麼形式來提供她支持嗎？比較好的陳述是：「照顧經理每個星期會打一次電話給 Anna，跟她聊聊心裡的感覺」。

● 「Wilma 每個星期會跟一位朋友散步三次」這樣的陳述並沒有錯，但可以更具體地包括這位每個星期要跟 Wilma 散步的朋友姓名。

● 「Sam 去浴室時會戴著他的醫療警示器（medical alert）」這個目標具體、正向、可行為化，且對案主來說是可理解的，但是這個目標的問題在於成功做到的可能性，因為 Sam 可能沒有辦法每一次到浴室都記得戴醫療警示器。不過，如果 Sam 已經在浴室跌倒過好

幾次，且拒絕在家裡戴醫療警示器，那麼對這個個案而言，從浴室這個地方作為陳述目標的開始，倒是一個好方法。

- 「Sarah 在居家服務員在的時候可以進行烹飪」這個目標正向、可測量、具體，且可被理解。不過這個目標還可以更進一步地將時間點說清楚，尤其是如果 Sarah 喜歡烹煮，但卻重複性地忘記關掉瓦斯爐火，讓鍋子燒焦的話。

- 「Doris 戴氧氣罩時不抽菸」這個目標對有菸癮的人來說，成功機率不高；此外，這個目標也不是以具體或正向的話來陳述。目標的陳述要可觀察、具體，並有高成功機率，如「Doris 每天跟妹妹吃完晚餐後，可以不戴氧氣罩抽根菸。」

- 「Frances 會為了她社交上的需要而努力」這個目標不符合標準，因為目標無法被理解、不具體、無法被觀察。Frances 可能根本不知道什麼是「社交上的需要」，或者她應該怎麼做才能達到這個目標。比較可能成功的目標，如「Frances 會每星期參加由她的朋友 Sally 舉辦的讀書會」。

隨堂小筆記：

學習單元 16 運用個別目標計畫

目的：

幫助學員熟稔發展目標及建構一份個別目標計畫所需的知識及技巧。

時間概估：

90 分鐘

準備材料：

「Ann 的優勢清單」（在主題三的投影片）；製作投影片「Ann 的個別目標計畫」及「個別目標計畫（樣張）」；授課講義「建構一份個別目標計畫指南」及「綜覽個別目標計畫」（見第 110 頁到 114 頁）；電子白板及白板筆

說明：

1. 請學員運用主題三授課講義「Ann 的優勢清單」（或是呈現您在主題三製作的投影片給學員看），指出 Ann 在清單優先順序中的一項想望（want）。

2. 將團體指出的項目寫在個別目標計畫投影片中「我的長期目標」的欄位。詢問團體這個項目會落在生活領域的

哪一個或哪幾個，在個別目標計畫的「生活領域的焦點」欄位中打勾。

3. 運用列在優勢清單裡的優勢及資源，請學員腦力激盪，列出幾個可能幫助 Ann 達到長期目標的選項。舉例來說，團體可能選擇 Ann 的長期目標是「我想要過得開心一點」，鼓勵團體成員盡量廣泛地列出可能的選擇，並寫在電子白板上。下列這些方法可以幫助 Ann 達到她的目標：

● 在社區大學教藝術課程。

● 在小學課後輔導的美術課擔任志工。

● 加入會員並參加老人有氧運動。

● 幫忙舉辦一場藝術博覽會。

● 加入並參與某個藝術協會團體。

4. 請團體指出一些可能幫助 Ann 達到她的長期目標的自然既存資源、朋友及社會支持。

5. 呈現投影片「Ann 的個別目標計畫」。討論 Ann 的計畫是怎麼將長期目標分解成小的、具體以及特定的行動步驟（action steps）。請團體留意這些行動步驟是由 Ann 自己，還是由 Ann 跟她的照顧經理一起完成。

6. 介紹界定行動步驟的四個要素：

● 有哪些（which）行動，是以什麼順序（what order）進行？

● 誰（who）該負責任？

● 在何時（when）進行每一個行動？

● 在何處（where）進行每一個行動？

行動步驟要以正向詞語來陳述，並設定時間在一週內來完成或檢視。寫完短期目標陳述後，照顧經理要確定這些陳述都符合在學習單元十五所討論的標準（參考授課講義「成功目標的標準」）。

7. 討論 Ann 或 Ann 的照顧經理在 Ann 的個別目標計畫「評論」欄位裡可能寫下的話，顯示照顧計畫是一個持續進行的過程。

8. 請學員參考授課講義「個別目標計畫（樣張）」及「建構一份個別目標計畫指南」，以下列幾點摘要，說明如何建構一份個別目標計畫：

● 長期目標必須要能夠反映出個人的想望、需求及希望，就像是列在優勢清單的「個人期待／願望」欄位中的內容。

● 短期目標或行動步驟要分解成具體、特定的步驟，並以案主的語言來表達。

● 步驟要以正向、行為的詞語來寫，並要能夠指出什麼是案主該做的，而不是他／她該停止做的。

● 優勢清單裡的優勢及資源要整合到個別目標計畫的目標及任務中。

● 案主要比照顧經理或其他支持網絡的助人者擔負起更多的責任。

- 每一個步驟都要有設定時間。短期目標最好是在三個月之內完成，而且應該要每週或隔週檢視一次。

- 檢視目標達成狀況時，要持續地修改及更新個別目標計畫。

- 不斷地稱讚與鼓勵可以增強案主的持續參與，當目標達成時，要能夠給予獎勵及慶祝。

9. 翻閱授課講義「綜覽個別目標計畫」，與學員一起瀏覽並討論，強調「每次與案主接觸都要更新個別目標計畫」的重要性。所謂的接觸應該包括慶祝達成目標、界定障礙，以及提出新的任務及資源以確保短期目標可以達成。

10. 總結活動，並向學員說明他們可以自由修改優勢清單及個別目標計畫的內容，以符合他們個別機構的需要，鼓勵學員將這些工具與他們個別機構的表格相互整合，或者運用這些工具當作補充或取代既有的評量及計畫格式。優勢清單及個別目標計畫是要讓照顧經理可以用來幫助案主達成他們的目標，而不是要增加現有文書工作的負擔。

 **隨堂小筆記：**

成功目標的標準

1. 以正向詞語陳述

陳述案主要去做的（going to do）而不是要停止不做的（going to stop doing）。

例如：Susan 在日常生活用品快用完的時候，會打電話給她的女兒。

2. 成功的高可能性

每個目標都要符合實際且可達成，但是不要因為擔心達不到目標而為案主設置隱形限制（artificial ceilings），案主的投入及承諾才是目標達成的關鍵。

例如：Fran 從外面溜狗回來時，會借助她的助行器行走。

3. 可測量及可觀察

目標要有看得到及清楚的結果，每一個目標應該只搭配一個行為步驟。

例如：Fred 每天在晚間新聞的時間會服用他的藥物。

4. 具體、小、且有時間限制

短期目標應該要有時間限制──最久不超過三個月──且分解成較小的步驟，合理的時間架構可以提高目標達

成的可能性。

例如：Jenny會參加老人活動中心的老人有氧運動，每星期二次。

5. 對案主來說是可理解的，以及是有意義的

當目標是與案主的需求有關，而且是盡可能地以他們的語言來表達時，案主對其個別計畫過程的所有權感會提高。

例如：Rita會每個星期打電話給Smith太太，請她過來載她到縫紉班（sewing circle）。

學員目標範例

　　這是一份學員可能設定的目標範例，請試著以您所學習到的目標設定的陳述標準，來檢視這些目標陳述是否適當。如果這些目標陳述不符合陳述標準，請您也試著將之改寫。

1. Joe 了解他必須停止對居家服務員咆哮的原因。

　　目標可能失敗的原因：＿＿＿＿＿＿＿＿＿＿＿＿

　　可以改為：＿＿＿＿＿＿＿＿＿＿＿＿＿＿＿＿＿

2. 照顧經理會對 Anna 提供持續性的支持。

　　目標可能失敗的原因：＿＿＿＿＿＿＿＿＿＿＿＿

　　可以改為：＿＿＿＿＿＿＿＿＿＿＿＿＿＿＿＿＿

3. Wilma 每個星期會跟一位朋友散步三次。

　　目標可能失敗的原因：＿＿＿＿＿＿＿＿＿＿＿＿

　　可以改為：＿＿＿＿＿＿＿＿＿＿＿＿＿＿＿＿＿

4. Sam 去浴室時會戴著他的醫療警示器。

　　目標可能失敗的原因：＿＿＿＿＿＿＿＿＿＿＿＿

　　可以改為：＿＿＿＿＿＿＿＿＿＿＿＿＿＿＿＿＿

5. Sarah 在居家服務員在的時候可以進行烹飪。

目標可能失敗的原因：_____

可以改為：_____

6. Doris 戴氧氣罩時不抽菸。

目標可能失敗的原因：_____

可以改為：_____

7. Frances 會為了她社交上的需要而努力。

目標可能失敗的原因：_____

可以改為：_____

個別目標計畫（樣張）

計畫人：＿＿＿＿＿　照顧經理：＿＿＿＿＿　日期：＿＿年＿＿月＿＿日

預計聯繫的頻率：＿＿＿＿＿＿＿＿＿＿＿

生活領域的焦點：

　　　　　□日常生活狀況　　　　□社會支持

　　　　　□健康　　　　　　　　□靈性／宗教信仰

　　　　　□財務／保險　　　　　□休閒／娛樂興趣

我的長期目標：				
短期目標（任務）	負責的人	預定日期	完成日期	評論

＿＿＿＿＿＿＿＿＿＿＿　　　　　　　　＿＿＿＿＿＿＿＿＿＿＿

案主簽名　　　　日期　　　　　　　　照顧經理簽名　　　　日期

　　　　　　　　　　　　　　　　　　＿＿＿＿＿＿＿＿＿＿＿

　　　　　　　　　　　　　　　　　　擔保人簽名　　　　日期

Ann 的個別目標計畫

計畫人：　Ann　　照顧經理：　Sally P.　　日期：　93 年 7 月 16 日
預計聯繫的頻率：　　一週一次
生活領域的焦點：

☑日常生活狀況　　　□社會支持
□健康　　　　　　　□靈性／宗教信仰
□財務／保險　　　　□休閒／娛樂興趣

我的長期目標：「我想要搬到大一點的公寓」				
短期目標（任務）	負責的人	預定日期	完成日期	評論
1.打電話給住宅暨都市開發部（HUD）辦公室，索取第八章（Section 8）申請書 編譯註五。	Ann	93/6/24	93/6/23	Ann 要處理一些文件。
2.將申請書填好。	Ann & Sally	93/7/3	93/7/1	「哦，我真高興Sally 幫忙我！」
3.繳回申請書，並與當地負責住宅的人員見面。	Ann & Sally	93/7/5	93/7/2	「Ann，您跟負責的人員講您需要什麼，這件事做得太棒了！」
4.打電話給未來的房東約時間看房子。	Ann	93/7/14	93/7/10	「Ann，開始囉！把友善寵物的公寓列出來吧！」
5.詢問房東是否接受養寵物。	Ann	93/7/14	93/7/14	
6.打電話給 Rita（姊姊）載她去看公寓。	Ann	93/7/16	93/7/16	

案主簽名　　　日期　　　　　　照顧經理簽名　　　日期

擔保人簽名　　　日期

建構一份個別目標計畫指南

建構個別目標計畫的原則

● 長期目標必須要能夠反映出個人的想望、需求及希望，就像
是列在優勢清單的「個人期待／願望」欄位中的內容。

● 短期目標或行動步驟要分解成具體、特定的步驟，並以案主
的語言來表達。

● 步驟要以正向、行為的詞語來寫，並要能夠指出什麼是案主
該做的，而不是他／她該停止做的。

● 優勢清單裡的優勢及資源要整合到個別目標計畫的目標及任
務中。

● 案主要比照顧經理或其他支持網絡的助人者擔負起更多的責
任。

● 每一個步驟都要有設定時間。短期目標最好是在三個月之內
完成，而且應該要每週或隔週檢視一次。

● 檢視目標達成狀況時，要持續地修改及更新個別目標計畫。

● 不斷地稱讚與鼓勵可以增強案主的持續參與，當目標達成時
要能夠給予獎勵及慶祝。

您可以下列問題來檢視：

長期目標有清楚地呈現優勢清單裡所想要的嗎？

您的行動步驟有分解成小的步驟嗎？

短期步驟是以正向的語言描述嗎？

您能夠明確地指出誰要做什麼嗎？

在優勢清單裡的資源、優勢及資訊都有反映在目標計畫裡嗎？

行動步驟完成的時間有具體明確嗎？

目標的進展有反映在評論的部分嗎？

您的個別目標計畫有簽名及簽署日期嗎？

綜覽個別目標計畫

照顧管理的追蹤（follow-up）訪視必須包括討論下列：

從上次到現在完成了什麼？

哪些任務需要繼續執行？

哪些任務可以放棄？

哪些任務需要改變？

記得要對案主任務的達成給予鼓勵及讚美。

如果有某個任務沒有完成，要去了解發生了什麼事。

個人是否還沒完全準備好要執行這個任務？

這個任務是否超過案主的能力？

是否有哪裡誤解或不清楚？

如果任務沒有滿足案主的需要，探討下列問題：

哪個部分弄錯了嗎？

可以做點什麼不一樣的改變嗎？

當任務成功地完成，要去回顧是哪個部分發揮了功效，並且鼓勵案主未來也運用相似的程序。

主題五

獲取資源：確保與維繫資源

Module 5

　　優勢觀點是一個替代性的概念，即在使用付費服務之前，會積極在環境中尋找「典型」及「自然存在」（naturally occurring）的資源（例如：家人、朋友、青年團體、社區社團等）。案主所處的社區環境被視為擁有豐富的機會、資源以及人力（Sullivan, 1989）。因此，採優勢模式的照顧經理的重要任務，就是要打破將案主阻隔於他們的社區資源之外的障礙藩籬。

　　優勢模式的照顧經理相信自然存在的資源本來就存在社區之中，並且致力於將這些資源變得對案主更可接近（accessible）、可獲得（available）、便利（accommodating），以及充分地（adequate）滿足案主的需求。自然助人者（naturally occurring helpers）包括所有案主經常接觸的支持者，像是鄰居、雜貨店店員以及朋友。在界定及接觸自然助人者的過程當中，照顧經理要了解為了維持老年長者繼續住在社區，其最親近的家庭成員可能早已深受其影響而耗竭了（Tice & Perkins, 1996）。

　　優勢模式認為行為是個人擁有的資源功能之一，就此觀點，

每個人都有權利使用社會上的資源，而對照顧經理的挑戰則在於如何協助案主或團體獲取其權利與資源。

倡導（advocacy）

代表案主去影響掌握資源者及網絡是優勢基礎實務很重要的工作。對照顧經理而言，很重要的是能夠有效地影響控制資源的關鍵人物，像是房東、醫生、保險公司，才能建立、確保，並得到案主所需要的給付或服務。

落實倡導的觀點必須仰賴照顧經理對老年長者所想要的社區資源及支持性的社會服務有廣泛性地了解；同時，照顧經理還需要具備快速連結資源的專業技術，並且是與其案主及案主的主要照顧者所想要的一致。

任何致力於影響社區裡持有資源的利害關係人（stakeholders），使其所欲資源可被獲得的具體行為，都可被視為是倡導。照顧經理與案主要先決定想要取得的資源是什麼，然後界定掌控著這項資源的特定組織或個人。倡導工作是希望能夠影響社會服務與醫療、立法，以及心理衛生系統，願意對案主所需的資源負起更多的責任（Sullivan & Fisher, 1994）。

有經驗的照顧經理大概都知道，要幫助案主達到並且維持他們的目標，是照顧管理中最困難的部分。成功圓滿的倡導工作能夠幫助案主及其支持系統獲得所需要的資源，如負擔得起的房子、居家照顧服務，或者是幫助他們能夠參與投入在社交活動中。照顧經理代表案主去影響資源掌控者，很重要的是要

問自己在倡導的四個面向的問題：資源是*可獲得的*、*可接近的*、*充足的*，以及是*便利的*嗎（Rapp, 1998）？

倡導過程的第一個步驟就是確認資源的可獲得性。舉例來說，可以獲得社會服務團體或營利團體協助庭院整理及居家修繕的需求嗎？社區有提供週間的營養午餐服務，但是夜間及假日有類似的資源嗎？或者，資源的取得資格是否有過多限制，使得許多有需要的案主無法獲得？

倡導過程的第二個步驟是確認影響資源可接近性的障礙，像是缺乏交通工具或陡峭的階梯，這些障礙會使案主可獲得資源的選擇性變少。例如許多社區的老人活動中心都有提供日間活動服務，但卻不一定提供交通接送，老年長者可能有意願且有需要接受日間服務，但卻可能因為負擔不起交通費用而無法接近資源；或者活動中心缺乏緩坡走道及電梯，坐輪椅的長者，即使有交通接送也無法進入活動中心得到服務。

倡導過程的第三個步驟是確認所獲得的資源對個別獨特的案主來說是否是充足的，如案主的房屋狀況是否符合安全的最低標準，像是暖氣、冷氣、防蟲害等。在某些地區，案主需要充足的資源設備包括暖氣或冷氣，否則案主可能會有受凍或受熱的潛在危險。

最後一個步驟，照顧經理必須考量資源是否是便利的。舉例來說，一位嚴重重聽的老年長者可能會感到很挫敗，因為他叫了一部計程車要去購物商場，但計程車司機卻按一次喇叭沒看到人就離開了，這樣的資源一點也沒有便利性。因此，便利

性的議題通常會包括要對掌控資源的人進行教育說明，讓他們能夠對老年長者普遍性及獨特性的需求有更進一步地認識，以增進他們為老年長者個別需求調整、改變資源提供方式的意願。

優勢模式的獲取資源及倡導的概念，需要照顧經理將老年長者的利益（interests）當作是自己的一樣地去努力，在此所謂的利益，就是在優勢清單及個別目標計畫過程中所界定的需求及想望。倡導策略通常是在照顧經理對案主的優先需求及喜愛有清楚的認識之後才進行，改變資源狀態的實質行動則是建立在老年長者本身的優勢上（Rapp, 1998）。

毫無疑問地，滿足案主需求的付費服務永遠是不足夠的；此外，著重在社會環境中所遭遇的問題、不足及所缺乏的，而不去積極增加資源，只會更局限助人資源的數量；只要相信環境的潛力，積極尋找正式服務之外的選擇，一定可以增加更多助人的資源（Sullivan, 1992）。

「我赤身露體、你們給了我穿的，我患病、你們看顧了我，我在監裡、你們來探望了我。」（瑪 25:36）給所需要的才是真正的給。「凡你們對我這些最小的兄弟中的一個所做的，就是對我做的。」（瑪 25:40）

學習單元 **17** *繪製您的支持系統圖*

目的：

增進學員了解如何召募自然助人者來幫助案主達成他們的目標。

時間概估：

60 分鐘

準備材料：

授課講義「繪製您的支持系統圖」；鉛筆或筆；電子白板及白板筆

說明：

1. 翻閱授課講義「繪製您的支持系統圖」，並呈現在電子白板上。支持系統圖是一個大圈圈內含三個小圈的圖，每個圈圈愈來愈小（看起來像是一個靶圖），下列展示的是 Sarah 的支持系統圖。

2. 請學員將自己的名字寫在最裡面的那個最小圈圈的中央。

3. 巡視教室，確定每個人都將他／她的名字寫在對的地方，向大家說明環繞在個人姓名之外那些圈圈的重要性：每

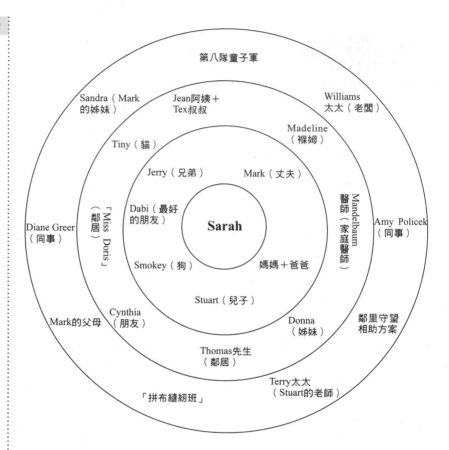

個圈圈都代表了在個人支持系統裡的親近或親密程度；
最後，每個圈圈會填上許多對學員現在生活很重要的人
名、團體、專業人員、組織，甚至是動物。

4. 請學員將與自己很親近、很難想像生活缺乏他們的那些
個人或團體名字，寫在最裡面的圈圈（就是在學員姓名
外面的第一圈）。

5. 請學員在下一個圈圈（從最外圈數進來的第二圈）寫下對他們也很重要，但沒像第一圈那麼親近的人或社會支持的名字。

6. 請學員在最外圈寫下他們經常接觸，但不算親近或親密關係的人或團體的名字。這裡的名字應該包括尚未寫在前面二圈的社會支持，無論是朋友、親戚、社區社團、醫生或是工作上的同事。給學員約五到十分鐘完成這個作業。

7. 請學員分享他們在個人支持網絡中放置了哪些人，以及他們將這些個人放在他們支持網絡的什麼位置上。

8. 帶領團體討論他們的支持網絡，跟這個團體或跟他們的案主之間有何差異或相似，請將下列幾點併入討論：

- 「您從您的支持系統中發現到什麼嗎？」
- 「您將傳統上非正式支持，如家人、親戚及朋友，放在親密光譜（intimacy continuum）的什麼位置？」
- 「您將您網絡中的其他專業人員放在什麼位置？」
- 「您認為您的案主會將專業助人者放在什麼位置？」
- 「您有發現什麼是令您感到驚訝的嗎？」
- 「您的支持系統的優勢或劣勢是什麼？」
- 「您的支持系統可能跟案主的有什麼相似或不同之處嗎？」

9. 總結這個練習，鼓勵學員與他們的案主一起運用這個練習，可以幫助學員更了解他們的案主的社會支持系統，

以及這些支持者所連結的意義與價值。這個繪圖練習對於討論「生存意願預囑」（living wills）編譯註六也是很有幫助的，例如問案主「如果您失去言語表達的能力，您會希望由誰來照顧您？」

討論要點：

- 相較於年輕人，老年長者大多已經喪失許多最內圈的關係人物，可能是因為死亡、孩子長大搬離、朋友搬到退休住宅等等原因。這些他們仰賴了大半輩子的關係人物及支持系統，已經不再能夠提供立即可獲得的支持，所以他們需要運用較外圈或較不親密關係的人來提供幫助。

- 當老年長者傳統的照顧提供者（如成年子女）不再能夠提供支持時，專業助人者可能就會變成最內圈的重要支持者。

- 列在內圈的照顧提供者可能因為距離的因素，而與老年長者的關係變得較不親密或變成是在外圈，不論是實質上或精神上的距離。照顧提供者的耗竭或精疲力盡通常被認為與老年長者的心理及生理照顧需求增加有關。

- 居家不便的老年長者無法像比較年輕或活躍的老年長者一樣，發展新的社交關係或甚至維繫先前的關係。比較活躍的老年長者可以藉由擔任志工、兼差工作、

嗜好，或參與家人活動的機會，來建立多樣化的連結以提供支持；當老年長者在健康及生理功能狀態變得比較衰弱後，要發展專業助人者之外的支持就會變得更加局限。

● 內圈的關係人物，如親近的家人及親戚，通常會被視為提供生理或心理支持的第一線，但照顧經理不能就此認為老年長者會主動找這些人來擔任監護或提供支持，老年長者可能更願意選擇較不親密的人來提供支持服務，因為他們可能與這些親近關係者有長期的家庭衝突、高度自尊感，甚至是曾遭受虐待的經驗。

隨堂小筆記：

_____

_____

_____

_____

_____

_____

_____

_____

學習單元 **18** *自然助人者*

目的：

增進學員界定自然助人者範圍及服務監督的技巧。

時間概估：

60 分鐘

準備材料：

製作授課講義投影片「優勢取向的獲取資源」（見第 143 頁）；投影機及空白投影片；電子白板及白板筆

說明：

1. 呈現投影片「優勢取向的獲取資源」，與學員一起瀏覽優勢基礎獲取資源的核心要素。以優勢取向的資源獲取需要：

   ● 在運用正式服務之前，先考慮使用自然助人者及資源

   ● 將社區視為具有潛在資源的綠洲

   ● 積極外展整個社區的資源應被視為偏好的（preferred）介入模式

2. 請團體舉出自然存在的社區資源，並將之列在空白投影

片或電子白板上。

3. 討論在案主的照顧計畫中使用自然存在的社區資源，其可能的優缺點包括：

優點：

- 通常比較容易接近，因為規範或限制的資格要求較少。
- 自然助人者比較不會有污名烙印（stigma）。
- 自然存在的資源通常比較便宜或較具成本效益。
- 如果服務是由相識的照顧者提供，比較容易建立信任感。

缺點：

- 對照顧經理來說，召集及取得自然存在的資源，比他／她去找正式組織的服務還要更花費時間。
- 運用非正式網絡需要持續地接觸，以及外展到廣大範圍的社區資源。
- 尋找自然存在的資源可能會很困難並且複雜。
- 界定及運用自然助人者需要更高層次發展及培養非正式助人關係的專業及技巧。

4. 繼續討論為什麼對許多老年案主來說，比較喜歡運用及接受自然助人者而非正式服務，老年案主通常會拒絕正式服務的原因包括：

◎維持獨立的假象

通常來自於家人的協助會被視為只是舉手之勞，但來自於陌生人的幫忙，則是一個鮮活的印記，時刻

提醒著自己是一個依賴者，而大多數的老年長者並不希望被視為依賴者。例如，一位老年婦女跟她的鄰居說：「我女兒今天來跟我一起吃午餐」，但她只說了部分的事實，事實上，她女兒來的時候還幫她買了一些日用什貨、放好、烹煮午餐、洗衣晾衣，還把浴室刷乾淨。

讓老年長者能夠對服務的提供有所選擇，像是聘請誰來幫忙、要找來的這個他／她幫忙些什麼事情等，協助老年長者能夠保留一點對自己生活的掌控。

編譯者在實務上也常見到老年案主在鄰居面前稱呼居家服務員為姪女、乾女兒等，而非正式服務機構的職員；也不希望居服員在服務的時候，穿著正式機構的背心或制服。大部分的案主並不希望標明自己是福利服務的消費者，或是需要他人協助的依賴者。

◎害怕損耗財務

很多老年長者在決定使用服務的過程會擔心錢不夠用，即使這樣的擔心是無來由的。晚年生活需要運用自己的存款支付居家的服務費用，是較被知悉的財務負擔，而生命的最後階段都還需要仰賴這筆積蓄，因此，老年長者很容易會擔心支出太多，造成自己財務上的窘境，因而不願使用正式服務。

要減少這種害怕，或許可以一年為單位，將每個星期固定服務時數要花費的金錢數量加總之後，跟現

在的全部積蓄做比較，應該可以讓他們知道未來還是有充裕的金錢。

家人也可以給予他們敬愛的老人家財務上的保證。家人可以向老人家說明，老人家將自己現在的需求照顧好，遠比他們未來能夠繼承遺產過好日子還更重要；甚至必要時，告知老人家可以由家人來支付部分正式服務的費用。

實務上要能夠與老年長者確切討論財務上的狀況，必定是建立了良好的信任關係才有可能。照顧經理對老年長者不願意或迴避討論財務狀況的情境，應該要敏感到是否案主尚未對照顧經理產生信任感。許多實務個案工作的基本資料表格都需要填寫個人收入或財務狀況，有經驗的照顧經理能夠了解，第一次會面詢問老年長者有關財務方面的問題會顯得唐突，且老年長者也不一定願意告知真實狀況，建立信任關係之後所獲得的財務狀況的資訊通常會比較真實。

◎缺乏服務督導的技巧

大多數的老年長者從來沒有使用過付費的助人者來家裡幫忙，也不知道該如何督導他們。照顧經理可以協助老年長者將他們希望協助的每一件事都分別羅列清楚，並且固定與居家服務員溝通及提供指導，這樣可以減輕老年長者的擔心。

照顧經理與居家服務員督導或溝通的時候，可以

邀請老年長者一同參與，讓老年長者有機會學習如何與他／她的居家服務員進行督導服務及溝通，也能夠增進老年長者對自己的服務的掌控感。照顧經理要鼓勵老年長者在居家服務員事情做得好的時候給予讚美，這是維繫付費服務者樂意協助與付出很重要的工作。

◎害怕被傷害

對老年長者來說，獨居在家還讓一個陌生人進到他們家裡，確實會令他們感到害怕。當人們的視力不好、聽不清楚、記憶力不好時，會特別容易感到脆弱、易受傷害，因此，家人可以提供部分的協助，尤其在剛開始使用付費服務者時，家人在服務時間也同時出現，如此可以讓老年長者比較放心，也多點時間可以在安全的環境下與助人者建立信任感；這樣做也讓家人有足夠的時間跟這些付費助人者相互熟悉，並進一步了解這些助人者的能力及可信賴程度。

◎減少與家人的接觸

老年長者可能擔心有了居家服務的幫忙之後，會影響家人，變得更少來看望他們。家人要能夠了解這樣害怕的心聲，並向他們敬愛的老人家保證，雖然他們需要從照顧職務上得到一點喘息，但絕對不會因為有居家服務員協助之後，就影響這份家人關係。當然，家人實際的行動表現比口頭保證還更重要，讓老年長者了解家人不是為了擺脫他們，才找居家服務員協助，

而是希望能夠讓他們敬愛的老人家得到更有品質的晚年生活。

5. 討論完運用自然助人者的優點之後，談談有關監督及維繫服務的重要性，包括下列幾點：

- 監督是評估進展的程序，確認進展是依照當初設定的目標在進行；也可以單純作為跟案主例行性檢視了解他們的生活及服務狀況的方法。

- 一般而言，進行監督工作會完成一份服務進展記錄，或者以季為單位進行檢視。

- 在優勢觀點裡，監督是要跟案主一起分享進行的，其目標是去增強案主能夠自己進行監督，運用他們的社會網絡中的其他人，去得到他們需要的或想要的協助，並幫助他們了解到，他們可以掌握自己的生活。

6. 說明優勢模式對監督的界定——檢視助人過程的「三C」：聚集（Collective）、持續（Continuing）、合作（Collaboration）。在電子白板或空白投影片上畫一個三角形，在三角形的三個邊寫上這些字「Collective」、「Continuing」及「Collaboration」，如下圖：

7. 寫完三 C 之後，指出三角形的第一邊，定義「Collective」這個字。

◎Collective（聚集）：

協助案主維繫曾經努力獲得的，需要慢慢去聚集支持及支持者。

8. 詢問學員曾經使用過什麼方法找出案主生活中的非付費助人者。

9. 說明在聚集案主支持者時，留意下列二點是跟付費助人者一樣重要的：

● 如果服務是經由某機構受雇者很自然而然地提供時，許多老年長者並不會察覺自己有得到特別的協助。例如，雜貨舖店員協助老年長者將購買的物品送到家中，可能被老年長者認為是理所當然的，而不是特別提供的協助。

● 家人可能會發現案主的社交接觸遠比他們以為的還更多，或者他們可能會發現他們的老人家在家庭之外展現的完全是另一種人格特質，可能是比在家裡更獨立、活躍、積極，或者是更依賴、退縮、被動。

10. 請學員列舉一些受雇角色的助人者，以及找出這些助人者的方法。（建議：鼓勵家屬去跟當地的店家自我介紹；陪伴他們的親人一天，了解他們接受了什麼樣的幫助、誰的幫助、多久一次；或者，陪他們的親人去吃飯或去理髮等。）這些受雇的助人者包括健康照顧專業人員〔如護理

人員、醫師、居家健康助理人員（home health aides）〕、以及公車司機、公寓管理員、雜貨舖店員、郵差、計程車司機、藥劑師、美容師及理髮師，以及餐廳工作人員等。

11. 詢問學員如何對他們案主的自然助人者給予肯定。例如，家屬可以送點小禮物給這些受雇角色的助人者以表謝忱；寄張感謝函給他們的主管；如果老年長者的需求已經超出助人者原本既定的工作時間，請他們可以直接告知；口語上給予支持肯定；或者讓他們知道德不孤必有鄰，了解在老年長者非正式網絡中還有其他人所提供的幫助。

12. 指出三角形的第二邊，並定義「continuing」這個字。

◎Continuing（持續）：

● 即使案主已經達到目標了，還有許多工作要做才能繼續維繫。因此，持續接觸並不只是維持與案主的接觸，還包括家人及在整個照顧聚集裡的其他重要人物，以滿足在照顧聚集裡每一個人的想望及需求。

● 持續地與自然助人者接觸的目的，是強化他們提供協助網絡中成員的能力，也同時能夠擴及協助其他個人。這件連結的工作，鼓勵網絡中的成員建立夥伴關係，以協助發現社區的優勢、未滿足的需求，以及影響有效服務輸送的障礙。

● 照顧經理的角色在於對案主及照顧提供者提供指導、解決衝突、模塑特定行為，以及教導需要的技巧。例如，有位鄰居願意提供家庭主要照顧者每天一點喘息

的時間，為了要保持並維繫這樣的幫助關係，照顧經理可能需要固定且經常與這位喘息服務的志工聯繫，這位志工也可能需要持續的協助、資訊及支持，像是照顧者訓練的資訊與機會，當然也包括對他／她的付出的肯定。

13. 指出三角形的第三邊，並定義「collaboration」這個字。

◎Collaboration（合作）：

● 合作是透過肯定每個人所投入的價值來形成夥伴關係，以及讓這樣的助人經驗能為每個人都帶來好處。

● 雖然照顧管理能夠提供面對面的接觸，常常被認為是最有效的工具，但畢竟照顧經理的時間有限，因此，照顧經理必須學會去招募社區的協同合作者（collaborators）。一些社區的協同合作者常常被忽略，包括商家、教育者、神職人員、休閒指導員、服務性社團、退休人士及老年案主本身。在下一個學習單元，將會列舉一些開發這些自然助人者資源成功合作的案例。

● 不論是自然助人者或受雇的專業人員，都不見得擁有所有解決問題或滿足需求所需要的專精及資源，藉著與這些社區助人者形成夥伴關係並一起合作，照顧經理可以開發出一些新的、創意的服務輸送方式。

● 非受雇的社區協同合作者有一個非常重要的功能就是連結社區資源。在廣泛的社區自然助人者之間，設立一個顧問團（advisory board）或資源委員會（resource council），是界定自然助人者並與之發展關係的好方法。

隨堂小筆記：

學習單元 ⑲ 倡導行動

目的：

　　幫助學員了解何謂倡導，以及如何為他們的案主成為一位更好的倡導者。

時間概估：

　　40 分鐘

準備材料：

　　製作授課講義投影片「倡導的『四 A』」；授課講義「為成功倡導」、「『為成功倡導』的回應」、「倡導行動的案例練習」（見第 144 頁到第 151 頁）。

說明：

1. 翻閱授課講義「倡導的『四 A』」，並用投影片來進行討論。向學員介紹如同助人歷程有「三 C」，倡導也有四個要素，說明下列：

◎**可獲得性**（availability）：

　　在社區中、案主的鄰里附近以及其他地方，有哪些資源是可獲得的，可以用來協助案主滿足他／她的需求？

與案主一起將所有可能的資源都找出來，思考一些議題：是誰掌握了資源；這些個別的人或機構是直接控制資源，或只是更大決策機制中的一部分；這些資源對誰比較有回應：案主、您或是機構主管。

◎**可接近性**（accessibility）：

資源存在但卻無法被案主所使用，是屬於可接近性的議題，一些障礙可能會導致資源無法被案主使用，像是缺乏交通接送或陡峭的階梯、障礙的環境等。界定障礙之後，照顧經理或案主要決定該如何以及要對誰倡導障礙的排除。

◎**充足性**（adequacy）：

資源能夠充分滿足案主的需求並且幫助他／她達到想要的目標嗎？例如，一位老年長者的草地及花圃服務有達到他／她個人標準的要求，以及符合當地鄰里庭院照顧的標準嗎？一位有氣喘疾患的老年案主得到的家務助理協助能夠達到低灰塵、塵蟎的標準嗎？如果沒有的話，照顧經理／案主如何倡導服務提供者來滿足案主的需求？（向學員強調，當照顧經理接洽資源時，就要告知案主並使其了解進度，這樣案主才會感覺是過程中的一份子；而當案主與資源接洽時，他／她應該要對資源的付出與努力給予正向回饋，無論做得滿意或不滿意。）

◎便利性（accommodation）：

當可獲得性及可接近性的議題被滿足之後，照顧經理必須要思考資源的便利性。便利性指的是案主與資源的互動及溝通。例如，老年案主在購物商場裡走路買東西可能會很辛苦，在美國許多商場裡都有提供電動購物車給行動不便的人使用；如果案主居住當地的購物商場沒有提供這樣的車，或許在照顧經理及案主找商場經理談過之後，他／她會有意願添購這樣的電動購物車。談到便利性的議題，通常會包含教育群眾以及掌握資源的人。〔向學員強調，千萬要謹慎處理，不要切斷與資源提供者的關係或是夥伴（合作）關係，照顧經理及案主要以不威脅的方式倡導，不僅只是為了現在的案主，還要為未來可能使用這個資源的案主著想。〕

2. 以三至四人形成一個小團體，翻閱授課講義「為成功倡導」，請大家指出能夠為案主帶來成功結果的特定倡導行動及行為，並指出倡導裡所談的「四 A」是如何被運用。例如，主題五案例裡的案主與照顧經理，在與計程車公司聯繫之後，說明案主聽不到車子在庭院外發出的喇叭聲音，如果案主需要計程車服務，司機們就會得到指示，要走出他們的車子外面、走到案主的家門前、敲門或按門鈴。將成功跟失敗的行動或作法都記錄下來。團體的答案可以記錄在授課講義上。大約二十分鐘的時

間進行這個練習。

3. 請大家回到大團體並分享他們的討論。翻閱授課講義「『為成功倡導』的回應」，這份資料可以在大團體裡分享，或者作為訓練者的報告。

4. 將團體的討論結果彙整列成清單，在休息時間印製這份清單，在結束訓練的時候，發給每一位學員一份影本，作為學員回到實務工作後的倡導行動參考。

5. 請大家再回到他們的小團體中。以「倡導行動的案例練習」二份中的其中一份照顧劇情給小團體練習，這個練習可以當作「倡導的『四A』」的補充教材或替代教材。請團體閱讀他們的案例，並將他們對每個問題的回答記錄下來。大約十五到二十分鐘進行這個活動。

6. 請每個小團體將他們的答案念給大家聽。當小團體在討論答案的時候，您要請團體在遇到照顧體系問題時，將焦點放在解決方案而非障礙本身。如果學員抱怨案例練習的內容沒有提供他們足夠的資訊，您可以鼓勵學員從他們與相似案主工作的經驗中去尋找一些可能的線索。

7. 總結練習，肯定團體在找出案例所呈現的環境障礙的解決方案的能力；此外，也要強調團體在協助案主取得所需服務及資源的創意值得肯定。

學習單元 20 資源開發

目的：

提供學員開創、發展社區資源所需的知識及技巧。

時間概估：

60 分鐘

準備材料：

授課講義「界定與動員社區資源」及「成功開發社區資源的構想」（見第 152 頁到第 157 頁）；製作投影片「界定與動員社區資源」；投影機及簡報筆，或電子白板及白板筆；鉛筆或筆

說明：

1. 將團體以地理特性（如郊區、市區）或機構屬性（如醫療護理、社區服務）來劃分，每個團體指派一名記錄。翻閱授課講義「界定與動員社區資源」，請學員規劃一份計畫來開發他們區域裡或實務服務領域所需要的資源。將授課講義的問題呈現在投影片上或電子白板上。給予學員大約三十分鐘的時間進行腦力激盪。

2. 請每個小團體的記錄者向大團體報告，並鼓勵大家一起討論該小組的構想。「成功開發社區資源的構想」的授課講義是在腦力激盪完後才使用，提供學員其他資源開發的構想。

3. 總結活動，強調學員已經藉由所提出的構想，將優勢模式的資源獲取方法落實了。在空白投影片或電子白板上，寫下成員列出可以影響社區資源提供者及增進案主取得自然既存資源的策略。

隨堂小筆記：

繪製您的支持系統圖

　　請先將您的姓名寫在最中央的小圈內。依照指示依序填寫其他的圈。

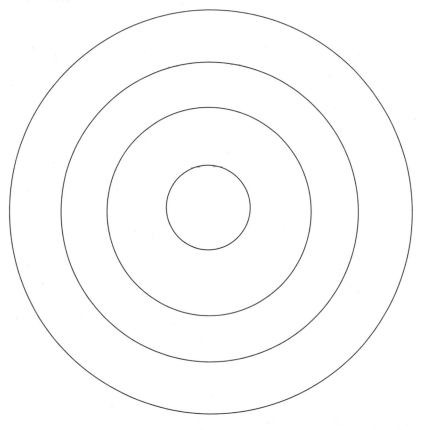

優勢取向的獲取資源

基本原則

1. 在運用正式服務之前，先考慮使用自然助人者及資源。

2. 將社區視為具有潛在資源的綠洲。

3. 積極外展整個社區的資源應被視為偏好的介入模式。

倡導的「四 A」

可獲得性（Availability）──可以獲得什麼資源，來幫助案主達成未滿足的需求嗎？

可接近性（Accessibility）──有什麼障礙可能使得這個資源無法被使用嗎？

充足性（Adequacy）──這個資源能夠適當地滿足案主的需求嗎？

便利性（Accommodation）──案主與這個資源互動的狀況如何？

為成功倡導

1. 您如何為您的案主尋找並獲得資源？

_____

_____

_____

_____

2. 您如何鼓勵案主為他們自己倡導？

_____

_____

_____

_____

3. 您如何向您的機構、社區、縣市或全國性機構組織倡導您的
方案、案主群，或二者？

_____

_____

_____

_____

「為成功倡導」的回應

1. 您如何為您的案主尋找並獲得資源？

- 運用捐贈的木材及退休的木匠奉獻勞力，為行動不便者設置一個斜坡道。

- 開發處方藥物協助方案（prescription drug program）^{編譯註七}，讓案主可以得到各種貧病藥物方案的協助。

- 整理一份社區醫療服務提供者的資源名單給病患參考。

- 代表案主去倡導住宅修繕服務。

- 先向地方教會借錢來為案主買新的水管，等 FHA（Federal Housing Administration）^{編譯註八}貸款核發下來，就可以還錢。

- 在交通安全方案（traffic safety program）^{編譯註九}中，倡導提供更有品質的社區交通運輸系統。

- 如果案主已經被標定為「麻煩」，並遭受拒絕服務時，去跟醫師協商，改找其他居家健康照顧機構。

2. 您如何鼓勵案主為他們自己倡導？

- 鼓勵案主跟那些令他們感到困擾的人對話。

- 協助案主與當地的立法委員接觸，這樣他們就能夠為他們自己倡導。

- 建議案主跟他們的主治醫生坦率說出他們在意的健康問題或需求。

- 協助案主找到資源，並在他們接洽時給予支持。
- 協助案主購買計程車優惠手冊（Yellow Cab discount book-lets）^{編譯註十}。
- 教育案主了解有關他們可以獲得的既有資源。
- 協助案主處理積欠的醫療帳單，並設定一個付帳的規劃期程。
- 鼓勵並支持案主請領生活補助金（SSI）／低收入者醫療補助（Medicaid）^{編譯註十一}。

3. 您如何向您的機構、社區、縣市或全國性機構組織倡導您的方案、案主群，或二者？
- 與不同的組織議價或交換（例如：當 Medicaid 不支付全部費用時，可能要跟修理輪椅的店家議價）。
- 當案主遇到水管裂縫修理問題的時候，去跟自來水公司協商調降水費。
- 持續向自來水公司倡導，直到水管裂縫的修理完成，並且達成減價計畫。

倡導行動的案例練習

（Anders 夫婦）

Anders 夫婦 Bill 和 Susan 都是八十幾歲的人。長期以來，Susan 都有健康方面的問題，最近因為身體極度不適住院，有點心智混亂及體重減輕的狀況，她被診斷出已經罹患癌症。在醫院住了幾週後，她已經該出院了，醫生建議她安置到護理之家。

Susan 身上裝有導尿管，在進食、穿衣及沐浴方面都需要協助，有時候她會有點精神混亂。Bill 在他們婚後的六十年裡，從未擔任監護照顧或分擔任何家務工作，他認為那是 Susan 的工作。前一陣子，Susan 透過地區老人機構（Area Agency on Aging）的照顧經理介紹，開始使用居家服務來幫助她處理一些較繁重的清潔工作。醫院的醫護人員認為 Bill 無法在他太太出院回家之後擔任照顧工作。

Bill 當然拒絕護理之家的安置，他跟他的太太在一起將近六十年了，他拒絕在這個時候拋棄她。他堅持要帶她回家，在他們那個有二個房間的家裡照顧她，他認為這是他太太想要的，他拒絕考慮任何其他的照顧選擇。他看起來神智相當清楚，也完全理解他能有什麼選擇，但是醫生及病房人員都覺得，Bill 可能連移動他太太都做不到。Bill 的地區老人機構的照顧經理被要求去跟他談看看，試著說服他。醫院的護理人員與醫師商量之後，在未得到 Bill 同意、以及照會他們的照顧經理 Sandy Thompson 之下，決定先將 Susan 短期安置到當地的養護機構。

【請討論】

這個照顧體系裡有什麼問題嗎？

針對這個問題有什麼可能的解決方法嗎？

哪個機構、個人對這個問題是有權力處理的？

機構裡哪一個行政管理系統對這個問題有權力介入？

Sandy 要為 Bill 及 Susan 的期望與權利倡導，可以採取的第一個步驟是什麼？

倡導行動的案例練習

（Ruby Jones 太太）

　　Ruby Jones 太太獨居在一間狹小、破舊且雜亂的房子裡，她現年七十九歲，已經喪夫守寡二年。她非常的獨立、固執己見，且堅決地表示要住在她自己的屋子裡。她說：「我寧願死在我自己的床上，多謝你的關心！」

　　Ruby 從許多協助過她的居家健康照顧機構得到一個封號叫做「麻煩個案」。她不喜歡居家服務員不斷地抱怨她家裡有多髒亂，如果有人建議她應該把報紙、紙箱，以及一些占據她家通道空間的「大型寶物」清理掉的話，她就會變得很生氣。她目前的居家健康照顧機構拒絕服務她，因為她喜歡到處撿東西回家，機構人員告訴她，她這樣的習慣將危害到服務員的健康及安全，而他們沒有義務一定要服務她。

　　Sandy Thompson 是 Ruby 的照顧經理，服務於地區老人機構，非常挫折於維繫 Ruby 的服務——包括居家護理、送餐、個人照顧助理及居家服務等。現在，Sandy 恐怕再也找不到其他居家健康照顧機構可以來服務 Ruby 了。幸好，機構裡有一位年輕大學生的訪視關懷員，叫做 Michelle，跟 Ruby 非常處得來。Ruby 常常提到，她是多麼期待 Michelle 每個星期的拜訪；她常說，她非常願意為了 Michelle 的來訪而將餐桌的空間清理出來。

【請討論】

這個照顧體系裡有什麼問題嗎？

針對這個問題有什麼可能的解決方法嗎？

哪個機構、個人對這個問題是有權力處理的？

機構裡哪一個行政管理系統對這個問題有權力介入？

在這種情況下，Sandy 要為 Ruby 倡導所須採取的第一個步驟是什麼？

界定與動員社區資源

下列問題可以幫助腦力激盪的過程，請回答問題，並將之應用在您想要開發的資源上。

○ 您想開發什麼樣的資源〔例如：汽車合夥（Car pools，即車主協議輪流使用其自用車）、警用緊急警示系統（police-operated emergency notification system）〕？描述一下這種資源大概像什麼樣子？

_____

_____

○ 這個資源如何幫助案主（誰要做什麼？）？

_____

○ 在社區中，由誰／什麼組織掌握了這個資源？

_____

○ 這個人或機構有權可以決定資源的給否嗎？

_____

○ 這個人或機構與社區中具有影響力的人有關係嗎？

_____

○ 開發這項資源可能會遇到什麼障礙？您將如何倡導移除這些障礙？

_____

● 什麼是影響掌控這個資源的個人（機構）的最好方法？

● 您的案主（們）如何參與取得這個資源的過程？

● 這個資源可以／應當被提升為全國性使用嗎？您會怎麼做？

● 需要改變任何政策嗎？您要如何倡導以達成這個改變？

成功開發社區資源的構想

　　下列策略都是由真實世界的照顧經理所彙整的，顯示他們能夠充分利用相關既存的資產；這些構想更顯示，社區潛藏的寶藏是可以被利用來提供更多社區基礎的長期照顧服務。

社區委員會（community councils）

　　社區中的專業人員可以一起參加，成為長期照顧服務委員會的一份子，為地方上老年長者及行動不便者的需求發言。這些委員可能包括：

● 健康照顧專業人員（醫院方面的／居家健康方面的）
● 教會／宗教方面的代表
● 地區老人機構的照顧經理
● 護理機構人員
● 老人活動中心人員
● 其他案主

老人活動中心／營養餐食據點

與老人活動中心有關的資源，包括下列：

● 與志同道合的老年長者一起開會討論在其他社區裡開辦老人活動中心（這項工作包括制訂組織章程與相關規範）。
● 跟教會聯盟（ministerial alliances）^{編譯註十二}合作，運用志工擔

任送餐及案主交通接送的司機。

- 運用老人活動中心當作教育有關健康及安全議題的據點。
- 老人活動中心與健康部門的合作方案，提供量血壓、視力檢查等服務。

喘息照顧

- 為退休老人志工方案（Retired Senior Volunteer Program, RSVP）中提供喘息照顧的志工辦理訓練。
- 招募喘息照顧志工。
- 支持方案（Project Being There）──這個方案包括：
  - ◆ 進行照顧提供者需求調查，以供團體及企業了解運用
  - ◆ 提供照顧及支持服務的訓練教材
  - ◆ 舉辦專題講座增進案主及家屬對老化議題的了解
  - ◆ 協助建立團體或企業的照顧者支持網絡

住宅

- 提高住宅暨都市開發部第八章（HUD Section 8）房屋租金補助方案的代用券。
- 進行社區調查，了解可供老年長者選擇的住屋。
- 社區領袖寫支持信給社區未來可能的建設公司。
- 環境維護基金提供老年長者的住家簡易修改，使他們居住得更為安全。
- 房屋分享（homesharing）──配對安排使房屋擁有者及找房

屋者都能各得其利。

家務助理服務

◉ 運用現有護理機構發展家務助理方案。

◉ 與私立的家務助理服務機構合作，提供低收入者優待折扣。

醫療設備

◉ 製作可提供租借醫療設備的機構名單，名單包括聯絡人姓名、電話號碼、拿取設備地點、可租借的天數等；這份名單也可以用來作為未來開辦社區醫療設備租借中心的名冊。

志願服務團體

◉ 協助居家不便老年長者領取日常用品（由當地雜貨店捐贈）。

◉ 工藝雜務服務，由高中工藝教育老師擔任協同合作者。

◉ 與志工服務團體合作，運用志工提供居家不便及獨居的老年長者電話問安服務。

◉ 發展老年同儕諮商服務。

◉ 志願服務提供醫療補助申請及報稅填表等文書協助。

◉ 老人安全守護（Senior Safety）——邀請警察及消防部門的志工提供免費的居家安全守護，相關設備向當地的五金行勸募。

交通接送

◉ 志工載送老年長者從郊區的住家到醫院門診。

● 請教會提供志工,擔任溫馨接送情交通服務方案的駕駛。

跨世代服務

● 大學勞動日——讓學生能夠學習合作精神及擔任志工的意義,也幫助老年長者完成家務工作。

● 以高中青年參加為主的青年方案,提供其社區老年長者服務(例如,家務助理服務、交通陪同、關懷訪視、除草、跑腿的工作等),包括相關服務的志工訓練及評量。

● 電話好友——由老年長者在放學後協助關懷問候鑰匙兒童。

● 鑰匙老人——由學童打電話給高危險群老年長者,以確認其安危。

● 教學相長方案——將老年長者與中學裡較年長的孩子連結在一起,相互教導學習。

編譯註

編譯註一：生存的故事

戰爭與生活的困頓可說是當代老年長者普遍擁有的人生經歷。台灣地區當代的老年長者大多是走過戰爭與物資匱乏的一代，他們大多經歷過來了，且累積了因應環境的能力以及豐富的人生閱歷。藉由老年長者娓娓道來的故事中，照顧經理經常會發現，老年長者過去有著相當豐富的能力與資源，可能是潛藏的、不顯著的，但卻都是智慧的結晶，也是年歲所累積的能量，即使老年長者自己並不認為那是可以成為改變的力量。

實務上有許多專業助人者因為龐大的工作負荷，沒有辦法花太多時間聆聽老年長者漫長的人生故事，而且老年長者傾向反覆地敘述同一件事情，雖然這都是對照顧經理很實際的工作挑戰，但有經驗的照顧經理懂得對老年長者敘述的故事表示興趣，並加以適當引導，以開展不一樣的故事的可能性，也能夠藉由聆聽老年長者敘事的過程從而以優勢的觀點去發掘、開啟老年長者內在能量的寶庫。

編譯註二：居家護理協會（Visiting Nurse Association, VNA）

VNA 是地區性居家護理服務組織，全美各地幾乎都有類似組織，提供當地居家案主相關的護理照顧與服務，服務費用通常是由聯邦醫療保險（Medicare）、州醫療補助（Medicaid）或私人保險公司來支付。

以 Kansas 境內 Douglas Co. Visiting Nurses Association 為例，提供服務以個人居家健康照顧為主，包括：護理照顧（nursing）、靜脈注射（IV therapy）、造簍口護理（enterostomal therapy）、物理治療（physical therapy）、語言治療（speech language pathology）、職能治療（occupational therapy）、醫療社會服務（medical social services）、營養師服務（nutritionist services）、居家看護服務（certified home health aide services）、特別護士（LPN private duty）、陪同服務（companions）等等，陪同服務則包括家務助理、餐食準備、跑腿等。

在台灣地區的居家護理服務大多附設於醫療院所或護理之家，近年來亦有為數不少獨立型態的居家護理所或稱居家護理機構。由於全民健康保險給付的關係，居家護理服務項目較美國VNA單純，主要包括：身體評估、注射、更換或拔除鼻胃管、氣切管、留置導尿管及尿袋、膀胱灌洗及訓練、一般傷口護理，包括褥瘡及各種傷口、大小量灌腸、各項檢體採集與送檢驗、簡易的復健指導、衛生教育及營養指導，及其他護理指導等。

符合全民健康保險居家護理給付對象者，案家須自付10%部分負擔（持有重大傷病卡、榮民、福保身分者免部分負擔費用），以及護理師、醫師來回服務之車資（大多數是以計程車費用核計）。全民健康保險給付標準以居家護理師每月訪視二次為限，醫師訪視為二個月一次為限。

編譯註三：樂復得（Zoloft）

Zoloft（Sertraline）是一種藥名，是美國 Pfizer（輝瑞製藥廠）研發的抗憂鬱劑。該藥廠指出 Zoloft 對於憂鬱症、恐慌症（panic disorder）、強迫妄想症（obsessive-compulsive disorder, OCD）及創傷後壓力症候群（post-traumatic stress disorder, PTSD）有效，能夠幫助腦部血液的血清素（serotonin）化學平衡。患者在服用二至四週或六至八週之後會有改善的感覺，但每個人對藥物作用的時間不等；有部分患者服用 Zoloft 會產生副作用，比較普遍的是反胃、睡不好、口乾、性功能障礙、嗜睡或容易疲倦、顫抖、消化不良、盜汗、易激動，以及胃口不好等（How Zoloft can help，取自網際網路：http://www.zoloft.com/index.asp?pageid=44，民國 93 年 8 月 4 日），因此，患者非常可能會因為服用藥物後的副作用而不願意持續服藥、或自行減少藥劑量。

在台灣地區，Zoloft 是全民健康保險給付的其中一種抗憂鬱症處方藥品，照顧經理應了解案主在服用相關藥品後所產生的生、心理變化，必要時，可以協助案主與醫師討論如何能讓案主得到治療效果，但同時能對服用藥品伴隨產生的副作用予以減輕或控制。

編譯註四：聯邦醫療保險 A 和 B（Medicare A and B）。

美國的聯邦醫療保險（Medicare）包括二個部分，Part A（醫院保險）（hospital insurance）及 Part B（自費補充醫療保險）（voluntary supplemental medical insurance）。其運作主要是由工作人口年輕時繳交保費，至年老退休時，可享受政府所規定的住院與醫師診療保障，其投保資格與給付水準由聯邦政府規定，屬於全國統一性的醫療照顧政策。年滿六十五歲的美國公民或身心障礙者及洗腎、換腎患者可以免費加入。

Part A 項目包括醫療住院、技術性養護機構照顧、居家護理、安寧照顧等服務的病房、膳食、專業護理和復健服務費用，以及其他醫療服務和用品、血液費用等。Part B 包括醫療開支：醫生服務、住院及門診醫療、手術和用品、物理及語言治療、診斷檢查、醫療設備耗材和其他服務；檢驗服務：血液、尿液檢驗等；居家護理服務；非全日或週期性專業護理、居家照顧員服務、醫療設備耗材和用品及其他服務；醫院門診治療：診斷或治療疾病或受傷的服務；血液等。

聯邦醫療保險（Medicare）給付的項目大部分都需要病患繳一筆自付額，超過部分才由 Medicare 支付。以擁有 Part A 的病患住院六十天為例，病患需自行支付 840 元以內的費用，Medicare 只支付超過 840 元的部分；但有 Part B 的病患則超過 100 元的部分都由保險給付（有關 Medicare 進一步資訊參閱網際網路資料：

http://www.medicare.gov/default.asp）。因此，有 Part A 及 Part B 的保險是較完整的，可以避免老年長者在罹病後又落入經濟危機的雙重困境。

這樣的醫療保險給付與許多民間醫療保險方案相仿，在台灣，有許多民眾除了有全民健康保險之外，仍自行向民間的保險公司購買醫療保險（較普遍的有定／日額型及實支實付型）。以疾病住院來說，病患因治療衍生的必須費用，多數已由醫院向全民健康保險局申請支付，但仍有自費的項目，如果病患擁有私人醫療保險，則可依據住院憑證或付費憑證向保險公司申請給付。例如某病患住院三日，需自行支付健保不給付項目費用，如昂貴藥物費用、膳食費用、健保部分負擔等約新台幣 7,000 元，該病患如擁有私人醫療保險（以定額型每日 2,000 元為例），出院後可依住院診斷證明向保險公司請領給付約 9,000 元（3 日×2000 元＋3 日×1000 元）（大多數的住院醫療保險會有出院療養金，此名病患可能可以獲得給付 7,500 元）；擁有醫療實支實付型保險者（以每日 1000 元，或最高一次給付三萬元者為例），則可憑醫院開具的收據向保險公司請領給付 7,000 元（實支實付型通常會有單次給付上限，未超過上限者皆可依收據之金額申請給付）；因此，一名擁有二種醫療保險的老年長者，可能需要先支付醫院 7,000 元，但可向保險公司申請保險給付，約可得到新台幣 16,000 元。

不過，並不是每一位老年長者都有購買私人保險，保險公司對年紀較長者通常也會限制加入，或需付出非常昂貴的保費。對於不符合健保「福保」資格且無力支付自費款項的老年長者，照顧經理可以轉介相關社會資源提供協助，或者向醫院倡導符合案主能力的付款計畫，來解決醫療帳單的問題，如小額分期的繳款方案。

編譯註五：住宅暨都市開發部第八章（HUD Section 8）

美國聯邦政府於 1974 年制訂第八章方案（Section 8），針對

低收入戶者提供部分房屋補助，該方案於 1998 年與代用券方案結合，並名為「住屋選擇代用券方案」（Housing Choice Voucher Program），相關代用券發放審查、住屋標準審查等事宜由地方政府住宅局（Local Housing Agencies, LHAs）管理負責。

補助方式主要是由「住宅暨都市開發部」（Department of Housing and Urban Development, HUD）發放代用券（voucher）給符合資格的家庭或個人，由持券者自行尋找符合資格且願意接受代用券的房屋，以租或買的方式獲得住屋；部分或全部金額可以代用券交付，業物主收到代用券後，可以向當地政府請款。所謂符合條件的業物主需要事先向地方政府登記，且接受當地政府的住宅檢查，符合 HUD 住宅品質標準（Housing Quality Standards, HQS），並接受可能低於市場水準的限制（HUD 住宅選擇代用券方案介紹。網際網路：http://www.hud.gov/offices/pih/programs/hcv/index.cfm，民國 93 年 8 月 9 日）。

編譯註六：生存意願預囑（living wills）

「living wills」一詞可以溯源於 1967 年美國一個贊成死亡權利的團體「瀕死前抉擇」（Choice in Dying），加州於 1976 年正式通過「自然死法案」（Natural Death Act），該詞正式出現則源自 1969 年 Luis Kutner。近幾十年，在歐美各國已逐漸發展出「預留醫療指示」（advance directives）、「生存意願預囑」（living wills）或「預立代理人」（durable power of attorney）等概念。這些概念產生的原因，主要是因為顧慮到當事人可能在病危或突發性意外之後，喪失意識或無能力表達自己的醫療照顧，甚至生存意願，藉由當事人在意志清醒時的事先書面表達，可作為日後不時之需的憑證與依據。

因此，「預留醫療指示」及「生存意願預囑」，基本上都是讓個人在頭腦清醒、理智健全時，以書面方式表示關於個人臨終醫護的原則性指示或願望。對於許多批判或誤解，以為這是為已

無法自行決定或表達意願之病患所設立的殺人方案，則是嚴重的誤會。

對照顧經理來說，有非常多的機會接觸到罹病末期的病患，台灣已於民國九十一年通過安寧緩和醫療條例。對於「罹患嚴重傷病，經醫師診斷認為不可治癒，且有醫學上之證據近期內病程進行至死亡已不可避免者」（第三條第二款），可經其自主意願表示其安寧照顧之意願。但是，對於罹患慢性疾病以致生活功能嚴重受損，但病情無明顯惡化至近期內會預期死亡之病患，並不適用安寧緩和醫療條例。例如，功能逐漸退化的失智症老人或生命現象穩定的植物人；若危及生命的原因是目前醫療可能有效控制的（如感染症、呼吸道異物阻塞等），還是要盡力救治，不能馬上適用安寧緩和醫療條例，這樣的作法是尊重臨終病患生命選擇的權利。因此，照顧經理在與老年長者建立信任關係之後，可以嘗試與老年長者進一步討論生存意願預囑。

依據編譯者實務經驗，老年長者在與服務提供者建立信任關係之後，大多願意討論臨終照顧及死亡的議題，反倒是專業人員避免去觸及這個議題。如對一位臥床多年，反覆進出醫院的老年乳癌末期病患安慰說：「不會啦！林奶奶，您看您還可以跟我說話，不會那麼快走啦！」事實上，老年長者除了關懷臨終照顧議題之外，對於終老後的安葬與儀式也很在意，不同宗教信仰背景的老年長者對於終老後的安排，會有不同的期待與堅持，照顧經理如果能夠與老年長者及主要照顧家屬共同討論這些議題，是協助老年長者邁向整合與尊嚴晚年的作法〔相關意願書格式可參考「安寧照顧基金會」網站http://www.hospice.org.tw/relax/1a.htm，民國93年8月10日；相關「生存意願預囑」進一步閱讀可參閱：Annas, G.（1991）. The Health Care Proxy and the Living Will. *New England Journal of Medicine*. 324（17）: 1210.〕

編譯註七：處方藥品協助方案（prescription drug program）

美國有許多針對低收入出院病患得到免費或廉價處方藥品的

協助方案。通常以申請人的收入作為接受方案資格的審查條件，且未領有醫療保險的藥品給付或政府的醫療藥品補助；在受理單位與其主治醫師確認後，低收入的出院病患就可以得到免費或較便宜的處方藥品。

提供低收入者免費或低價的處方藥品有其必要及好處。因為忽略或減少劑量或沒有遵照處方的患者愈多，整體醫療照顧體系需要付出的代價將愈高，未遵照醫囑服藥的患者有極大可能在未來導致更嚴重的身體健康問題；然而處方藥品對於低收入者而言仍是價格高昂，因此，未受保險給付的患者容易傾向減少或不依照醫囑服用藥物，事先為這些貧病患者提供適當的預防性醫療所需的費用，將遠低於事後的治療代價。照顧經理在評量案主經濟狀況及醫療保險狀況之後，可以協助案主進入此類處方藥品協助方案。

台灣地區實施全民健康保險，病患僅需負擔部分費用即可取得處方藥品，對於低收入者，政府亦提供免費醫療及藥品的服務，以及健保費用優免的方案；但是仍有許多醫療及照顧所必需的消耗性材料需要自費購買，有些老年長者在節約或經濟拮据的狀況下，傾向減少或不使用這些物品，而處在惡劣的照顧環境甚至危害健康，如一名大小便失禁且臥床的老年婦女，可能一整天僅使用一片尿布；或者一名有褥瘡的病患，不依照醫囑按時清洗傷口及更換紗布，可能引發的感染將導致更多的住院及治療。照顧經理可以協助連結醫療耗材廠商，如成人尿布廠商，向其勸募免費或價廉的醫療照顧耗材，協助低收入患者可以得到適當及充足的用品。

編譯註八：FHA 貸款

FHA 是美國聯邦住宅管理局（Federal Housing Administration），FHA 貸款則是由聯邦政府提供貸款擔保，由銀行等金融機構發放貸款給符合資格的申請者。簡單地說，FHA 貸款是政府提供給較低收入民眾的一種貸款方案。與一般貸款不同的是，

FHA 貸款有政府的保證，政府保證假如將來貸款人無力償還，授貸者（lender）也不會受到損失，因此，即使借款人的信用比較差也可以得到貸款；但是，FHA 貸款就像一般的政府方案一樣，作業比較複雜且費時。貸款公司必須有 HUD 的核准，才能承做此項貸款。

FHA 貸款項目很多，房屋修繕方案是其中之一，內容包括：結構改變和重建；現代化和改善家庭功能；排除健康與安全的威脅；改善出入通道和清除廢棄物；重建或替換配管、安裝新的或更新系統；增加或替換屋頂、天溝和排水管（downspouts）；增加或替換地板、或地板整治；主要景物和點改善；提高身心障礙者的使用功能；改善能源節約系統等。

台灣地區的老年長者如果需要房屋修繕或改建，針對中低收入戶者可以申請政府提供的補助方案，提供設施設備改善、修繕其現住自有屋內（租借住宅者需簽約三年以上）衛浴、廚房、排水、臥室等硬體設備，以維護其居家安全為原則，每戶最高補助新台幣十萬元；申請民間銀行的房屋修繕貸款，則需視申請人之財力及信用狀況為核撥貸款之依據。一般老年長者如自有房屋，且經銀行評估具有償還貸款能力者，通常可以申請到一筆小額修繕貸款；此外，一些民間慈善團體亦有提供簡易房屋修繕之協助，對於不符合政府補助且缺乏經濟能力之老年長者，是很好的支持資源。照顧經理可以對社區或鄰近縣市的相關社會福利資源多加了解，或者規劃方案，向社區五金材料行或家居修繕設備廠商倡導可能的協助資源。

編譯註九：交通安全方案（traffic safety program）

美國在 1966 年，因為許多交通意外與事故的嚴重性，使得國會立法通過國家高速公路安全法案（National Highway Safety Act, NHWSA），並授權以聯邦交通安全基金執行。以德州為例，1967 年通過德州交通安全法案（The Texas Traffic Safety Act），以合法執行 NHWSA 的要求。依據 NHWSA 提供的綱要，德州交通部

（Texas Department of Transportation, TxDOT）發展了一份高速公路安全計畫（the Highway Safety Plan, HSP），包含了十三個核心範疇：警察交通服務及速度控制、檢測酒精及藥物、緊急醫療服務、住戶保護、交通記錄、道路安全、機車安全、安全社區及大學交通安全方案、駕駛人教育及行為、校車安全、行人／自行車安全、商用載貨車輛安全、制訂計畫。（資料引自"Texas Traffic Safety" http://www.dot.state.tx.us/trafficsafety/about_us/about_us.htm，民國 93 年 8 月 10 日）

因此，在原本的交通安全方案基礎之上，倡導更具品質的社區交通安全，能夠使原來的交通安全方案為更多老年民眾及身心障礙者服務。照顧經理可以透過參與社區交通安全委員會發聲，也可以透過向社區有影響力人士倡導，由他們為廣大的社區交通安全努力。

編譯註十：計程車優惠手冊（Yellow Cab discount booklets）

在美國許多地區的計程車／黃包車（Yellow Cab），都有提供年長者及失能者優惠的折扣券或購買折扣，優惠的差額經費通常是來自州政府的補助。對老年長者或失能者而言，由於經常需要交通接送往返於醫院、購物商場等地，計程車的優惠折扣確實是減輕經濟負擔的重要福利方案。通常這樣的計程車優惠方案並沒有服務時間限制，一天二十四小時，一週七天，並且提供到府接客服務。

台灣地區的地理環境不若美國廣大，許多都會地區的大眾運輸工具亦相當便利，且提供老年長者乘車優惠或免費服務，但是對於大眾運輸工具不甚通達的地區，或者對行動不便之老年長者及身心障礙者而言，計程車的便利及個別性服務，仍是較常使用的交通工具。但實務上，經常發現計程車拒絕載送老年長者或身心障礙者，因為耗費等候時間，且通常都是短程（住家至社區醫療院所），甚至要加計輪椅費用，因此，倡導一個便利的社區計程車方案，能夠提升交通的便利性，以及減輕案主的經濟負荷。

「曉明社會福利基金會」曾經倡導計程車結盟方案，即該機構為老年長者叫計程車服務，該結盟車行將立即派員接送，可協助背上下樓、攙扶、收放輪椅、到府接送等服務，甚至固定司機組員，不會有陌生接送的擔憂，雖然無法取得價格優惠，但卻可以大大改善案主外出交通的問題與品質。事實上，這是可以倡導的方案，因為計程車業者也相當歡迎有固定的客源，提供司機穩定的收入，因此可以形成雙贏的結盟方案，但是，照顧經理仍應持續留意車輛性能與監督服務的品質。

編譯註十一：生活補助金（Supplemental Social Income, SSI）／低收入者醫療補助（Medicaid）

SSI 是美國聯邦政府為低收入的老年人、身心障礙及視障者所提供的經濟安全福利，補助金額視不同對象與資格各有其標準；Medicaid 則是屬於州政府提供給低收入者的醫療補助計畫，經費是由聯邦政府、州政府及地方政府共同負擔，給付內容會因各州條件不同而有差異，是屬於社會救助的一環，對象為中低收入家庭及個人。計畫包括醫療優待券（Medical Coupon）、合格 Medicare 受益人計畫 （Qualified Medicare Beneficiary, QMB）、中低收入 Medicare 受益人計畫（Special Low-income Medicare Beneficiary, SLMB）等等。其中，QMB 是以收入等於或低於全國貧窮線，SLMB 是幫助收入高於貧窮線但不超過20%的人（中低收入），支付其 Medicare 費用。由於二者在給付項目及資格審查上，經常會有民眾與政府認知及認定上的差距，照顧經理經常需要鼓勵支持或為案主提請申議複審，以保障案主應有的權益。

在台灣地區也有類似低收入、中低收入、身心障礙資格認定等議題，需要照顧經理協助案主爭取應有的權益。實務上，照顧經理經常扮演資源「守門員」的工作，因為他們通常會掌握較多的福利資源與資訊，對於符合資格之案主，理論上應盡力協助取得該項資源。但以資源分配之公平性而言，也會視案主實際需

要，而非無限制地告知與取得，唯此守門員工作的分際拿捏，仍須請教專業督導或諮詢，以免造成專業職責缺失或落入倫理上的責難。

編譯註十二：教會聯盟（Ministerial Alliance）

　　美國的教會聯盟是指結合鄰近社區具有相同信仰基礎的教會聯合組成的聯盟，除了一般的祈禱、福傳牧靈、教會組織工作之外，教會聯盟也形成有力的影響團體及社區服務團體，如為人權、反奴役努力的華府黑人教會聯盟（Black Ministerial Alliance），曾針對蘇丹人民受阿拉伯石油國家奴役發起反奴役運動，要求國會對阿拉伯石油輸出國不當剝削蘇丹奴隸所賺取的利潤予以回應，在金錢與道德之間選擇；大波士頓地區的黑人教會聯盟（the Black Ministerial Alliance of Greater Boston, BMA），除了協助當地教會發展服務事工之外，也提供許多社區服務方案，如「暑期青少年工作的 Tank 方案」（The Boston Capacity Tank, "the Tank"），以及「得勝家庭計畫」（The Victory Generation After-School Program, VG），以提供學童課後輔導及父母學習親職的訓練方案為主；有些聯盟也會提供教友慈善救助（參考自網際網路資料 http://www.bmaboston.org/CC_Content_Page/0, PTID323166/CHID664616/CIID,00.html，民國 93 年 8 月 10 日）。

　　台灣地區的宗教團體相當多元，也有相類似的聯盟或協會組織，不過仍以教會之間的聯繫合作為主，許多宗教團體也相當投入於社會福利服務工作，但直接的社區服務方案，通常是由教會或以教會為基礎所設立的社會服務機構、據點來提供。如編譯者曾任職服務的「財團法人天主教曉明社會福利基金會」，即是由「天主教聖母聖心修女會」彙集眾人愛心所成立的基金會，以服務社會弱勢民眾為主，提供志願服務方案、居家服務、護理照顧、長青大學、日間照顧、老人諮詢服務等（進一步資訊可參考網際網路 http://www.lkk.org.tw），但是，這些服務並不是為特定信仰的民眾所提供，而是廣泛性的社會福利服務，包含教友及非

教友。

　　實務上，教會或宗教性組織確實可以提供直接服務的協助，通常他們也會很樂意有機會提供社區服務，許多老年長者由於年老力衰，無法持續參與宗教活動或教會聚會，或許與其宗教組織已經沒有聯繫，照顧經理可以協助聯繫與案主相同宗教的組織或教會，請他們為相同宗教的案主提供協助，也就是為教友的服務。當然，對於沒有特定宗教信仰的案主，也可以引入宗教組織／教會的服務資源，但是照顧經理要特別留意，個人的宗教信仰傾向是否對案主造成壓迫，或者宗教組織／教會的服務提供者是否有強迫案主接受特定信仰的現象，這些都需要藉由督導及監督服務過程得到訊息。

附錄 老年優勢模式的實務基本要素

本文摘要編譯自

Fast, B. & Chapin, R.(1997). The Strengths Model with Older Adults: Critical Practice Components. In Dennis Saleebey(2nd ed.). *The Strengths Perspective in Social Work Practice,* pp.115-132. NY: Longman.

註：本文作者於 1997 年之論述仍以個案管理（case management）一詞，而非照顧管理（care management），在本書（2000 年）則以照顧管理取代個案管理一詞；文中所謂「顧客」（consumer）係指服務消費者、服務使用者，即吾人常稱之案主，以顧客稱之，亦顯示案主與服務提供者在個案管理關係的改變。

Ann 的故事

　　Ann 終於如願從醫院出院，回到她那個距離醫院七十五哩遠的小社區的家。Ann 現年七十五歲，是一名非裔美籍婦女，先生去年過世，小孩高中畢業後都搬離開家庭，住在別州，她僅靠著小額的社會安全給付及先生工廠的遺眷退休年金過活。Ann 帶著虛弱、沮喪的身體回到家裡，完全不知道未來的日子該如何過下去。Francis 是 Ann 的鄰居，自己本身也很虛弱，但她很關心 Ann 的狀況，決定替 Ann 打電話聯絡當地的老人服務中心。

　　Ann 接到社工人員的電話但拒絕接受協助，不過社工人員考量 Ann 孱弱的狀況，只要一不小心跌倒或營養沒顧好，可能就會變得需要住進護理之家，所以即使 Ann 拒絕，她還是保持與 Ann 的聯繫。漸漸地，兩人的關係才建立起來，Ann 也比較

能夠相信社工人員不是密謀要將她送到護理之家。Ann 因為行動不便在家好幾個星期，希望社工人員能幫她找一位協助家務清理及購買日用品的女士。以 Ann 的觀點來看，Ann 必須確認社工人員能夠尊重她的意願及需求，任何的協助或服務都希望是經過她的同意之後才安排。

　　從上述案例可以看得出來，Ann 已經跨進了複雜且令人困惑的長期照顧服務網，還好她遇到一位願意使用優勢模式的社工人員，並且了解建立信任關係的重要性。如果沒有這樣的優勢取向，許多像 Ann 一樣的老年案主，可能根本沒有機會了解有何照顧選擇。

　　優勢模式的個案管理（the strengths model of case management）就是為了 Ann 這樣的案主所設計的，藉由這個模式的原則及方法運作，能夠做到尊重個人的尊嚴（dignity）及獨特性（uniqueness），就如 Ann 所獲得的一樣。運用優勢模式的助人者能夠開啟老年案主的優勢，以克服其生活中的困境（Fast & Chapin, 1997:116）。

　　本文係本書二位作者 Fast 與 Chapin 在一九九七年 Saleebey 博士主編的《優勢觀點的社會工作實務》（尚未有中譯版）一書中的一篇文章，主要是介紹優勢模式的個案管理如何運用在老年長期照顧實務，尤其是居家及社區服務方面。Fast 與 Chapin 藉由訓練及提供技術支援的機會，發現優勢模式有一些要素對

有效的實務工作很有幫助。在文中依序介紹引導老年助人工作的概念性架構，討論優勢基礎個案管理工作在長期照顧的實務基本要素，包括規劃實務模式以支持老年長者的自主（auto-nomy），並滿足資源導向（resource-oriented）的需要，及提升成本效益（cost-effectiveness）及效率（efficiency）；最後也會探討優勢模式在變遷中的長期照顧環境發展的可能。

一、實務的概念性架構：操作化概念性架構

近十年來，有一些文獻是討論運用優勢基礎取向在老年長者、嚴重情緒困擾兒童、心理疾病患者及物質濫用者的議題（詳見參考書目：Perkins & Tice, 1995; Poertner & Ronnau, 1990; Pray, 1992; Rapp, Siegal, Fisher, & Wagner, 1992; Sullivan & Fisher, 1994）。優勢基礎的老年個案管理就是從一九八〇年代針對居住在社區的嚴重及恆久性心理疾病患者的個案管理（Rapp, 1992）的基本原則與功能所發展出來的。

優勢基礎的個案管理就跟其他實務模式一樣，有其特別的價值、知識及技巧，並且與其他長期照顧個案管理的取向有許多明顯不同之處。最大的差異在於，優勢模式從過去傳統醫療模式轉移到注重個人的環境，優勢的架構強調探索、發展及建立個人的內在及外在資源是重要的工作；且優勢基礎的助人歷程強調顧客的參與及決定。

醫療復健模式通常強調對「問題」的專業診斷及處遇，決定權與控制權都掌握在專業者手上，認為此未言明的假定，就

是需要協助的個體缺乏對其生理或心理問題的知識或洞察，當然也不知道該如何解決，需要專業的專家協助並處遇其困境（Freidson, 1988；Fast & Chapin, 1997:117）；但是優勢個案管理的主要目的，是希望協助老年長者補其所不能者，以盡可能地維持其對生活的掌控，其目標就是要「正常化」（normalize）老年長者的生活，其照顧評量及計畫都是建構在其社會、心理及生理的需求及優勢上。對許多老年長者而言，生活的幸福感（well-being）比醫療身體的疾病還更重要；同樣地，無論其身體是多麼地病弱，如果能夠感覺自己還有用、避免依賴或能處理社交上的孤立，以及正常地過日子，對老年長者而言，也是很重要的事情（Smith & Eggleston, 1989）。事實上，個體可能罹患嚴重的慢性疾病，但如果這些需求能夠滿足，他們還是可以經驗到高度的幸福感（Fast & Chapin, 1997:117）。

隨著年齡的增長，老年長者會有較多的疾病產生，且大多屬於長期的慢性疾病，有些慢性疾病會導致無法進行一些日常活動，像是煮飯、整理家務、外出等，但通常不需要一直住在急性的醫療照顧機構裡。老年長者在疾病的症狀被控制住或問題被處理了之後，還是回到他們的家中，這些慢性疾病可能伴隨老年長者很長一段歲月。如果個案經理總是膠著在老年長者的 ADLs 跟 IADLs 方面，很有可能會忽略在這些功能性障礙的背後，老年長者還是具有驚人的復原力（resiliency），如同年輕的身心障礙者，老年長者也需要一些資源與協助，以支持他們繼續住在社區中（Fast & Chapin, 1997:117）。

優勢模式的老年個案管理的概念性架構，是以自我決定（self-determination）為核心價值，藉此引導個人目標的達成（Fast & Chapin, 1997:118）。個案管理關係中很重要的是對顧客權威（consumer authority）的重視；在資源方面則視老年長者及社區都具有豐富的資源與優勢。因此，個案經理的任務在於，幫助老年長者界定並獲得正式及非正式資源，以達成其所欲的成果（Fast & Chapin, 1997:118）。

操作化概念性架構

對老年長者能力的信念，以及尊重老年長者的獨特性、價值與尊嚴，是優勢個案管理很重要的概念。Fast 與 Chapin（1997）指出，個案經理如果不能夠相信老年長者具有價值、尊嚴及獨特性的話，很難真正有效地與其工作。個案經理如果要將許多的照顧決定交由老年長者自己來決定，必須相信他們有作選擇的能力，並且能夠處理他們作決定的後果，這樣的態度是肯定其尊嚴與價值，而不是以偏頗的迷思（myths）或刻板印象（stereotypes）來看待老年長者。

即使大多數的老年長者喜歡住在家中，但如果其家人或專業人員不支持的話，老年長者還是很容易受其影響而決定長期照顧的類型。優勢觀點的個案經理要協助老年長者界定問題，也協助其參與在尋找解決方案的過程，這樣的過程讓他們充分了解有什麼樣的選擇方案，讓老年長者參與其中並作選擇；即使是機構的安置選擇，也能夠提高其抉擇的滿意程度。當老年

長者變得主動參與其醫療及社會方面的決策，顧客及照顧提供者都能達到較高的滿意度（Fast & Chapin, 1997:119）。

要讓老年長者開口尋求協助是很困難的，Motenko 及 Greenberg（1995）就提到：「知道需要協助並且願意開口尋求協助，是成熟倚靠的證據（mature dependence）」。Fast 與 Chapin 指出，老年長者如果在解決其生活問題時能夠有愈多掌控感，就愈少非必要的依賴（unnecessary dependence）及習得的無助感（learned helplessness），而這二者是許多老年長者普遍有的現象（Fast & Chapin, 1997:120）。

在優勢模式裡，社工人員要去界定顧客的能力，並創造或找到一個氛圍，是可以運用這些能力來達成其個人的目標。幫助像 Ann 一樣的老年長者管理自己獨特的老化歷程，以裝備其作選擇的能力，還要考量其個體及家屬的需求，風險（risk）與安全（security）的因素也必須仔細取得平衡。如 Sarah 的案例：

Sarah 的故事

Sarah Nelson 八十二歲，獨居在自家的農場，離鎮上有數哩遠，她養了六隻貓二條狗。她中風後還有好幾次跌倒的記錄，有一次還導致髖關節骨折。即使如此，Sarah 還是持續其乾燥花的工作，以及維持農場的庶務，她靠著居家健康助理員協助洗澡、上床、準備餐點，打電話叫購物商場送日常必需品，個案經理及她的女兒則幫忙找人交通接送、管理財務、確認居家環境及農場的照料。她的女兒 Mary 希望她搬到鎮上的照顧

住宅（assisted-living unit），但Sarah寧願昏倒在家中數小時，也不願意去跟陌生人分享房間及共用浴室。Mary 很擔心 Sarah 終日獨居在農場，萬一發生危險，根本沒有人可以幫她。

　　像Sarah一樣，視自由、隱私、獨立生活遠勝於住在安全及受保護環境的老年人愈來愈多，表一是個案經理對顧客參與決策行為由高至低的連續線，提供社工人員在促進虛弱或失能老年長者參與決策的參考：

表一：決策的連續線光譜（Fast & Chapin, 1997:121）

絕對的權威	強迫性的	共同行動	有限的約束	自我導向的照顧
個案經理強迫顧客接受問題或情境，未讓顧客參與決策，會徵求個體對議題的理解，但個案經理對決策有絕對的權威。	由個案經理界定問題及選擇比較有希望的解決方案，顧客的意願會被納入考量。	一起行動，雙方共同腦力激盪出可能的解決方案，個案經理及顧客都有責任找出顧客的優勢及資源以執行照顧計畫，雙方同意後才會進行決策。	顧客告知喜愛的服務類型、角色及層級，個案經理提供資訊及諮詢以協助顧客決策，顧客擁有最後的決定權。	顧客的決定是被支持的，能夠選擇正式／非正式服務提供的組合、頻率及時間長短，個案經理變成是顧客的諮詢者及資源，以協助做可行的安排。
個案經理 導向的決策		協同合作的決策		顧客導向 的決策

　　優勢基礎個案管理的目標是鼓勵顧客更主動積極地參與長期照顧決策的過程，個案經理隨同顧客參與的步調移動，所以專業導向的決策是最不希望的狀態。Ann 以前從未曾管理過財務的事情，她現在必須面對許多她認為是屬於男性的工作，所

以她傾向於讓個案經理作決定;然而,在她所熟悉的家務工作方面,她則希望繼續維持她以前負責的工作,等她覺得比較能處理她丈夫生前的工作之後,個案經理就可以較少引導決策。

與老年案主工作很大的挑戰在於,其決定可能對自己或他人有危險,因此,引發個體可以參與決策到何種程度的問題。Fast 與 Chapin 指出,孱弱或失能的老年長者有權利被納入其長期照顧的決策過程,即使顧客有著認知或心智上的障礙,也應被提供盡可能多的選擇,其困難在於謹慎區分其權利及真實的身體及心理狀況的障礙;給予耐心與時間,即使心智孱弱的老年長者還是能夠跟他們建立關係,以了解他們的擔心,使其能夠表達所關懷的議題,並與其建立相互的信任,使其願意採取行動,以極大化其潛能與才幹(Fast & Chapin, 1997:122)。

二、有效個案管理的實務基本要素

優勢基礎個案管理的目的,是要協助老年長者界定、獲得及維繫其需要的內外在資源,以常態依賴地(customary interdependent)(相對於依賴或獨立)在社區生活(Kisthardt & Rapp, 1991)。透過下列實務方法,優勢模式有潛力可以增進個案管理的效能:(1)個別化的評量與計畫;(2)積極外展到自然既存的社區資源與服務;(3)緊急危機計畫;(4)持續性地協同合作與照顧提供的調整。

（一）個別化的評量與計畫

優勢觀點的評量是全人的（holistic）而非診斷性的，顧客的知識與動機才是評量及計畫過程的基礎，而非專家的知識（Pray, 1992）。標準的功能性評量無法展現老年案主的全貌，其優勢、因應機制、動機及改變的潛力（Kivnick, 1993）。接受長期照顧服務的資格通常是以功能障礙為評量的基礎，所以，許多社會工作者會以 ADLs 及 IADLs 的病症來看待他們的顧客，弱勢的老年案主也很快就學會要得到幫助，他們也必須以這樣的詞語來描述他們自己。難怪 Ann 會認為社工人員一直注意她的失能狀態，是為了將她安置到護理之家，關注她的能力及留意她的需求，才是能夠建立信任關係的開始（Fast & Chapin, 1997: 123）。

優勢基礎的評量及計畫是著重在極大化老年長者的優勢與資源，運用一些助人策略來支持個人住在家中仍有掌控感及能力，個人的限制及新舊優勢都是同樣重要、需要考量的部分，這樣才能滿足個體的期待與興趣（Sullivan & Fisher, 1994）。像在 Sarah 案例中，個案經理發現 Sarah 對乾燥花的興趣，雖然那是好幾年前的事。協助其重新開始這樣的興趣，幾個月後，Sarah 的憂鬱不見了，可能是因為專注在她的興趣中，而且她賣乾燥花的收入也讓她賺進一筆小錢可以修繕她的房子。顧客需要的服務，社工人員服務的機構不一定有提供，優勢基礎的個案計畫並不受限於付費的正式資源，個案計畫是依循顧客的興趣

及所具有的資產（assets）而規劃的（Fast & Chapin, 1997: 123）。

社會工作專業教育都要求尊重個別顧客的特性及能力，絕大多數的社會工作者也承諾要關注其顧客的優勢，但實務上的評量及計畫工具大部分沒有或只有很小的空間可以記錄老年長者的想望、正在做的、已經做的，以及可以做的事情，以維持其獨立自主，使得社會工作者很容易回到舊習慣，只看到顧客的問題而看不到優勢。因此，實務工作者在很大的個案負荷量及既有照顧體系和組織政策限制之下，至少還是可以問顧客下列幾個方面的問題，以了解其優勢：

- 探索共通性：分享價值、經驗、興趣
- 了解個人過去如何因應其困境
- 與顧客一起規劃未來生活想望的願景
- 關注個人及其環境的優勢

優勢評量的過程並不是要取代既有標準化評量，但若認為診斷式、功能性或心理治療式的評量可以了解一個人的全貌，則又太不公平；發展「生活計畫」（life plans）而不僅是「照顧計畫」（care plans），才能讓老年長者在社區過有意義的生活，問上述的問題可以蒐集到規劃生活計畫的相關資料（Fast & Chapin, 1997:123-124）。

（二）積極外展到自然既存的社區資源與服務

優勢觀點的個案管理提供實務上獲取資源的一個替代性概

念，即在使用正式付費服務之前，先考量自然既存的環境及社

區資源是否可獲得。Sullivan（1992）指出，自然既存的資源是
所有社區都存在的優勢，如果積極尋找的話，所有的社區都有
可獲得的資源（Fast & Chapin, 1997:124）。

　　優勢模式倡導盡可能地運用自然助人者及資源，這樣的協
助資源較能為老年長者所接受。不過仍有許多老年長者不想拖
累他們既有的社會網絡，當請他們說出一些網絡的助人者時，
他們傾向說沒有任何人可以幫助他們，這或許也跟獨立、自尊
（pride）有關係。因此，優勢取向的個案經理在界定助人者及
支持者時，很重要的是，要讓他們維持老年長者的自尊與尊嚴
（Fast & Chapin, 1997:125）。

　　老年長者如果愈虛弱，社會支持會承擔愈多的照顧與責任，
但是有經驗的個案經理能夠理解，老年長者通常在非正式支持
系統方面都很有限，缺乏足夠的助人者，社會工作者很重要的
功能，就是要取得及維繫這些非正式資源的連結，目標是促進
其環境的資源更符合個別的需要。對社會工作者的挑戰在於，
如何安排及擴展其自然支持系統，像 Ann 跟 Sarah 的情形，大
多數老年長者的朋友及相識者，除了小孩之外，也都很孱弱，
無法搬重物、無法自由地來或去想到的地方，社工人員應該去
尋求更廣大的社區自然助人資源，顧客個人的網絡只是其中之
一部分。

　　但是，老年長者可能不願意或不提供其既有支持網絡的訊
息，或許是為了維持尊嚴、保護隱私或維持獨立的形象，個案

經理可以藉由陪伴老年長者一天的方式，來找出其自然助人者（Lustbader & Hooyman, 1994），像是陪他們去看醫生、理髮等，聽他們的對話，個案經理可能會發現跟在家中的「案主」有很大的不同。

在規劃服務時，照顧者負荷（caregiver burden）也需要留意，不要讓支持網絡中的家人及朋友感到過大的負擔，一份可行的照顧計畫的基本工作，就是要減輕主照顧者負擔，當主要的照顧是由非正式照顧者提供時，要持續地評量其負荷及角色適應。個案經理在尋求社區助人資源時可能會發現，許多可以提供協助的自然助人者並不想被捲入，因為他們會擔心到時候會超過負荷；有時候老年長者也會對協助者有很多抱怨，或者期待得到更多幫助，而嚇跑這些自然助人者。

不論老年長者與這些助人者的情感連結是否良好，大部分這些助人者都不專精於提供完整的長期照顧，且照顧者虐待的事件也時有所聞；但在另一方面，受過訓練及有技術的正式服務提供者卻不一定能夠滿足老年長者情感上的需求，或提供特殊符合其需求的照顧。因此，個案經理在昂貴的正式服務及較不昂貴的非正式資源之間取得平衡就顯得更為重要，一方面確保提供必要的協助，一方面也滿足老年長者心理的需求。如 Ann 的情形，社工人員請承租 Ann 車庫的老闆的女兒幫忙 Ann 買一些日用雜貨，老闆也會進屋內幫忙看 Ann 的狀況；Ann 的兒子是一名高中老師，暑假一個月可以回家陪 Ann 住，也可以幫忙將房子修繕好。事實上，Ann 後來也表示，她先前對該社工人

員的敵意，是來自於她非裔美籍的身分，不想跟來自白人機構的社工人員打交道，她比較習慣找認識的、信任的人幫忙，個案經理需要敏感到文化、習俗與傳統所造成關係的藩籬。

　　Ann 後來在社工人員的建議之下，在兒子放暑假期間，由兒子陪伴到社區的老人中心，這讓 Ann 有機會熟悉服務的氛圍；後來 Ann 的兒子回學校之後，她還是主動持續參加老人中心的活動，這也讓 Ann 的兒子比較放心，相信 Ann 可以獨自在社區中生活，如果他想要知道 Ann 的狀況，他也知道可以尋求社工人員的幫助。無疑地，滿足日益增加的失能老人族群的付費正式服務再多也不夠，所以，一直強調社會環境的不足與缺失，只會讓助人的資源更加有限。

（三）**緊急危機計畫**（*emergency crisis planning*）

　　大多數老年長者會受到社工人員注意，都是因為發生危機事件，且危機經常導致急性的住院。如果住院原因是跌倒、吃錯藥或個人的小閃失，更會令老年長者感到沮喪、焦慮或自己很沒有用的感覺，處於這樣的情境，容易讓老年長者接受專業及照顧者的建議與主導，因此更需要為其意願倡導，增進其決策的參與度，並盡可能提供機構安置之外的選擇。高成本的照顧通常是起因於個案經理沒有時間在問題變成危機之前先處理，或者因為提供的服務並沒有經過完整的評估來解決問題，這種潛在引起非意願機構安置的非預期危機，可以藉由事前的危機計畫予以緩解（Fast & Chapin, 1997:127）。

　　優勢模式要求在未發生健康危機前，就與顧客及主要照顧者協商討論緊急計畫，這份計畫必須經過預演並持續檢視，在發生緊急事件時，必須要執行或遵守某些特定行為，不過要發展一份緊急計畫，還是必須先有良好的信任關係。一位經常跌倒的老年男性長者，基於自尊而不願意安裝緊急救護鈴，讓他的鄰居在危機發生的時候可以聽到鈴響大作；但他可能同意讓每天送信的郵差在看到他沒將郵件收進去之後，通知他的兒子。Ann 則願意將緊急救護鈴連接到當地的小醫院，也與其鄰居Francis有一個非醫療危機的計畫，她們其中一個有需要的時候，另一個會打電話通知老人服務中心值班的工作人員，由他們視情況通知護士或社工人員前來提供協助。

　　建立緊急危機計畫是基於考量屬弱的老年長者在任何時候都有可能需要立即、緊急的協助，但是如果缺乏一份結構性的緊急計畫，顧客及照顧者傾向於使用最簡單、最容易取得的高成本正式協助資源，實務上，有些老年長者經常打 119 電話呼叫救護車緊急送到醫學中心急診，因為他們「覺得很不舒服」，也「不知道可以找誰幫忙」。因此，緊急計畫是要讓他們了解，在各種情況下可以選擇的自然助人者、正式服務資源，以及高、低成本的服務選擇；優勢取向的個案管理能夠提供一份有效的協助策略，並避免非必要的花費（Fast & Chapin, 1997:127）。

（四）持續性地協同合作與照顧提供的調整

　　以優勢觀點而言，設定照顧目標之後監督（monitoring）就

開始持續進行了，要監督的對象包括老年長者本人，以及照顧者、朋友、家人、老人團體、護理人員及其他相關支持網絡。社工人員要做的事情遠超過一個「確認約會的秘書」（appointments secretary）。在老年長者獲得需要的資源或服務之後，還有許多工作必須進行，以維繫這個人或資源，關係導向的協同合作（relationship-driven collaboration）肯定每個人的付出，並致力於讓每個人都能在助人歷程中有所受益；持續接觸的目的在於確認顧客的自我照顧能力，以及照顧提供者的能力，其間也提供社會及醫療服務專業知識與技巧的轉移，而這些都需要由個案經理來協調整合（Fast & Chapin, 1997:128）。

與服務及資源提供者建立關係，無論是正式或非正式資源，都是很重要的，為顧客的需要打造量身定做的服務必須以不威脅的態度進行，因為還有其他的顧客可能需要使用相同的資源與服務；持續性地與顧客及其助人者保持接觸，可以讓個案經理對照顧成本效益的影響更直接。Applebaum與Austin（1990）認為快速對顧客的變化做回應能夠有效減低服務成本，通常顧客會過度地使用服務是因為個案經理提供的服務並沒有完全回應顧客當前的情境與需要（Fast & Chapin, 1997:128）。

三、在變遷中的長期照顧環境運用優勢模式

傳統上，老化被視為疾病的同義詞，必須以醫療的架構才能予以治療與處理有關年老的問題，因此，傳統醫療復健的助人模式在社區及長期照顧的個案管理體系仍保有很重要的地位。

在這樣的架構中,老年長者被視為被動的照顧接受者,但是在這個變遷中的醫療照顧市場裡,病患被動的傳統角色及唯醫師決策是從的模式卻必須開始改變。政府也制訂了許多財務誘因,以降低正式服務資源被過度使用,並提高病患對其健康照顧服務的責任,美國 Medicaid 及 Medicare 的管理式照顧就扮演了極重要的角色,也因此,對處遇決策的臨床及財務資源的監控更為密切。個案經理很明確地,必須同時著重顧客增強權能及成本意識。

一直以來,個案經理就被視為協調服務及控制成本以避免過早機構安置的潛在重要機制,在有限資源的照顧環境裡,無論是私人或公共付費者都需要服務成效與成本的責信交代(Quinn, 1992);有效的個案管理常常是以能夠降低非必要機構安置作為衡鑑的依據,但是,卻極少致力於促進顧客參與及增強權能,以及之後對服務成效及成本的影響(Fast & Chapin, 1997:129)。

如果財務控制變成個案管理的主導力量的話,對於優勢基礎的目標、計畫程序及任務的效率評估要求就會變得更為強調,過去居家及社區照顧著重在醫療模式的輸送系統,使得社會、心理、靈性歸屬及支持服務的需求都被忽略了,個案管理以及居家照顧的挑戰在於,提供一個案主可接受且具品質的服務,而且也能夠維持成本效益的水準(Kane & Kane, 1987;Fast & Chapin, 1997:129)。

目前對於特定個案管理模式效率的研究仍很有限,在不同

的個案管理模式之間還有許多需要深入了解，特別是在不同模式之間的目標、任務、歷程、個案經理的角色，以及對老年長者生活的影響。雖然老年優勢個案管理在長期照顧輸送體系的效率仍缺乏實證性的研究，不過，Fast、Chapin與Rapp（1994）藉由許多參與優勢基礎個案管理訓練的個案經理的回饋指出，參與優勢基礎個案管理的老年長者，提升了非正式支持的程度、在正式及非正式服務之間維持了更好的平衡，並且減少了在居家及照顧機構之間往返的狀況。因此，未來優勢基礎個案管理的效率，可能需要在長期照顧雙重任務的情境下予以檢視──即在成本控制的前提下，極大化案主的控制、尊嚴及選擇（Fast & Chapin, 1997:129-130）。

四、結論

　　本篇文章探討了需長期照顧的老年長者運用優勢基礎個案管理的基本要素，此個案管理模式支持案主自決、極大化顧客選擇，以及相互依存，並也非常有可能可以幫助控制長期照顧的成本。隨著社會與日遽增的老年長者數量，以及相關健康照顧的支出，提供一個尊重自我決定及顧客選擇，並且是可負擔的居家及社區長期照顧系統，不該再被忽視，老年優勢基礎的長期照顧個案管理可以幫助專業者更關注長者的能力，而非其孱弱與不足。

（本文參考書目略）

中、英字詞對照

accessibility　可接近性

accessible　可接近的

accommodation　便利性

accommodating　便利的

action steps　行動步驟

activities of daily living（ADLs）　日常生活活動

adequacy　充足性

adequate　充足的

advisory board　顧問團

advocacy　倡導

affirmation　肯定

reaffirm　再肯定

agent　代理人

aggressive outreach　主動外展

all-knowing　全知的

Area Agency on Aging　地區老人機構

artificial ceilings　隱形限制

aspirations　抱負

assertive outreach　積極外展

assessment　評量

autonomy　自主

availability　可獲得性

available　可獲得的

beneficial　有益的

boundaries　界線

brokerage models　經紀人模式

capability　能力

Car pools　汽車合夥

care plans　照顧計畫

caregivers　照顧提供者

case/care management　個案／照顧管理

case/care manager　個案／照顧經理

certified home health aide services　居家看護服務

civic clubs　公民社團

civic organizations　公民組織

client direction　案主取向

client-driven　案主導向

client-set goals　案主設定的目標

collaboration　合作

collaborator　協同合作者

collective　聚集

community councils　社區委員會

companions　陪同服務

competent　有能力的

consumers　顧客

continuing　持續

coping mechanisms　因應調適機制

creative activities　創造性活動

cynicism　嘲諷

dementia　失智症

Department of Housing and Urban Development（HUD） 住宅暨都市開發部

dependence 依賴

desires 慾望

diagnostic 診斷的

do for 為案主做

do with 一起做

empower/empowerment 增強權能

empowering 增強權能

engagement 建立關係

enterostomal therapy 造簍口護理

Federal Housing Administration（FHA） 聯邦住宅管理局

flipcharts 電子白板

follow-up 追蹤

fullness 完全

healthy aging 健康老化

here and now 此時此地

holistic 全人、整體

holistic picture 全面性圖像

home health aides 居家健康助理人員

homemaker 居家服務員

homesharing 房屋分享

incompetence 無能

instrumental activities of daily living（IADLs） 工具性日常生活活動

inter-dependence 相互依存

interests 利益

intimacy　親密

intimacy continuum　親密光譜

IV therapy　靜脈注射

joint activity　共同分享的活動

learned helplessness　習得的無助感

life domain　生活領域

life plans　生活計畫

living wills　生存意願預囑

LPN private duty　特別護士

Medicaid　低收入者醫療補助（州醫療補助）

Medicaid waiver　醫療補助機構

medical alert　醫療警示器

medical and rehabilitative models　醫療復健模式

medical social services　醫療社會服務

Medicare　聯邦醫療保險

ministerial alliances　教會聯盟

monitoring　監督

motivational congruence　動機的一致性

naturally occurring　自然存在

naturally occurring helpers　自然助人者

negative stereotypes　負面的刻板印象

nursing　護理照顧

skilled nursing facility　技術性養護機構

nutritionist services　營養師服務

obsessive-compulsive disorder（OCD）　強迫妄想症

occupational therapy　職能治療

overwhelming　壓倒性地、絕對地

ownership　所有權感

paid friends　付費的朋友

panic disorder　恐慌症

partnership　夥伴關係

paternalism　父權主義

pathology　病理

payoff　收益

perceptions　感受（觀點）

persistent mental illness　恆久性心理疾病

personal goal plan　個別目標計畫

physical therapy　物理治療

police-operated emergency notification system　警用緊急警示系統

post-traumatic stress disorder（PTSD）　創傷後壓力症候群

practitioner-driven　工作者導向

preferred　偏好的

prescription drug program　處方藥物協助方案

Project Being There　支持方案

quality of life（QOL）　品質的生活

racist　種族主義

reevaluate　再評估

reflective listening　反映式傾聽

reinforce　再增強

resiliency　復原力

resistant　抗拒

resource council　資源委員會

Retired Senior Volunteer program（RSVP）　退休老人志工方案

self-assessment　自我評量

self-awareness　自我覺察

self-determination　自決

self-disclosure　自我表露

self-esteem　自尊

self-image　自我意象

self-reliance　自立

self-sufficiency　自足

Senior Safety　老人安全守護

serotonin　血清素

sewing circle　縫紉班

Social Security　社會安全

speech language pathology　語言治療

SSI　生活補助金

stakeholders　利害關係人

stigma　污名烙印

strengths　優勢、力量

strengths inventory　優勢清單

successful aging　成功老化

survive　存活

talent　才能

the personal goal plan　個別目標計畫

traffic safety program　交通安全方案

transformation　轉化

unique　獨特的

VNA　居家護理協會

voucher　代用券

vulnerable　脆弱

want　想望

well-being　福祉

will　意願、願望

Yellow Cab discount booklets　計程車優惠手冊

Zoloft　樂復得

🌺 參考書目

Cox, E.O., & Parsons, R.J. (1994). *Empowerment-oriented social work practice with the elderly*. Pacific Grove: Brooks/Cole Publishing.

DeJong, P., & Miller, S.D. (1995). How to interview for client strengths. *Social Work, 40*(6), 721–864.

Epstein, L. (1988). *Helping people—The task-centered approach*. Columbus, OH: Merrill Publishing.

Fast, B., & Chapin, R. (1996). The strengths model in long term care: Linking cost containment and consumer empowerment. *Journal of Case Management, 5*(2), 51–57.

Fast, B. & Chapin, R. (1997). The strengths model with older adults: Critical practice components. In D. Saleebey (Ed.), *The strengths perspective in social work practice* (2nd ed., pp. 115–131). White Plains, NY: Longman.

Kisthardt, W.E. (1992). A strengths model of case management: The principles and functions of a helping partnership with persons with persistent mental illness. In D. Saleebey (Ed.), *The strengths perspective in social work practice* (2nd ed., pp. 59–83). White Plains, NY: Longman.

Kisthardt, W., & Rapp, C. (1992). Bridging the gap between principles and practice: Implementing a strengths perspective in case management. In S.M. Rose (Ed.), *Case management and social work practice* (pp. 112–125). Reading, MA: Addison-Wesley.

Kisthardt, W., Gowdy, E., & Rapp, C. (1992). Factors related to successful goal attainment in case management. *Journal of Case Management, 1*(4), 117.

Kivnick, H.Q. (1993, Winter/Spring). Everyday mental health: A guide to assessing life strengths. *Generations,* 13–20.

Lowry, L. (1991). *Social work with the aging*. Prospect Heights, IL: Waveland Press.

Maluccio, A. (1981). *Promoting competence in clients*. London: The Free Press.

Motenko, A.K., & Greenberg, S. (1995). Reframing dependence in old age: A position transition for families. *Social Work, 40,* 382–389.

Ory, M., Abeles, R., & Lipman, P. (1991). *Aging, health and behavior*. Newbury Park, CA: Sage Publishing.

Perkins, K. & Tice, C. (1995). A strengths perspective in practice: Older people and mental health challenges. *Journal of Gerontological Social Work, 23*(3/4), 83–98.

Poertner, J., & Ronnau, J. (1990). A strengths approach to children with emotional disabilities. In D. Saleebey (Ed.), *The strengths perspective in social work practice* (2nd ed., pp. 111–121). White Plains, NY: Longman.

Pray, J. (1992). Maximizing the patient's uniqueness and strengths: A challenge for home health care. *Social Work in Health Care, 17*(3), 71–73.

Rapp, C.A. (1998). *The strengths model: Case management with people suffering from severe and persistent mental illness*. New York: Oxford University Press.

Rapp, C., & Chamberlain, R. (1985). Case management services to the chronically mentally ill. *Social Work, 30*(5), 417–422.

Rapp, C., & Wintersteen, R. (1989). The strengths model of case management: Results from twelve demonstrations. *Psychosocial Rehabilitation Journal, 13*(1), 23–32.

Rapp, R.C., Siegal, H.A., Fisher, J.H., & Wagner, J.H. (1992). A strengths-based model of case management/advocacy: Adapting a mental health model to practice work with persons who have substance abuse problems. In R. Ashery (Ed.), *Progress and issues in case management* (Research Monograph no. 127, pp. 79–91). Rockville, MD: National Institute on Drug Abuse.

Rappaport, J.O. (1990). Research methods and the empowerment social agenda. In P. Tolan, C. Keys, F. Chertak, & J. Leonard (Eds.), *Researching community psychology issues: Theory and methods*. Washington, DC: American Psychological Association.

Rathbone-McCuan, E. (1992). Aged adult protective services clients: People of unrecognized potential. In D. Saleebey (Ed.), *The strengths perspective in social work practice* (pp. 98–110). New York: Longman.

Rodin, J., & Langer, E. (1980). Aging labels: The decline of control and the fall of self-esteem. *Journal of Social Issues, 36*(2), 12–29.

Saleebey, D. (1992). Introduction: Power in the people. In D. Saleebey (Ed.), *The strengths perspective in social work practice* (pp. 3–17). New York: Longman.

Smith, V., & Eggleston, R. (1989, Summer). Long-term care: The medical model versus the social model. *Public Welfare,* 27–29.

Sullivan, W. (1989). Community support programs in rural areas: Developing programs without walls. *Human Services in the Rural Environment, 12*(4), 19–23.

Sullivan, W. (1992). Reconsidering the environment as a helping resource. In D. Saleebey (Ed.), *The strengths perspective in social work practice* (pp. 148–157). New York: Longman.

Sullivan, W.P., & Fisher, B.J. (1994). Intervening for success: Strengths-based case management and successful aging. *Journal of Gerontological Social Work, 22*(1/2), 61–74.

Tice, C., & Perkins, K. (1996). *Mental health issues and aging: Building on the strengths of older persons.* Pacific Grove, CA: Brooks/Cole.

Weick, A. (1984). The concept of responsibility in a health model of social work. *Social Work in Health Care, 10*(2), 13–25.

Weick, A., Rapp, C., Sullivan, W.P., & Kisthardt, W. (1989). A strengths perspective for social work practice. *Social Work, 34*(4), 350–354.

❋ 補充性讀物

Chapin, R., Rachlin, R., Wilkinson, D., Levy, M., & Lindbloom, R. (1998). Going home. Community re-entry of light care nursing facility residents age 65 and over. *Journal of Health Care Finance, 25*(2).

Chapin, R. (1995). Social policy development: The strengths perspective. *Social Work, 40* (4).

Fast, B., & Chapin, R. (1997). The strengths model with older adults: Critical practice components. In D. Saleebey (Ed.), *The strengths perspective in social work practice* (2nd ed.). White Plains, NY: Longman.

Fast, B., & Chapin, R. (1996). The strengths model in long term care: Linking cost containment and consumer empowerment. *Journal of Case Management, 5*(2), 51–57.

Rapp, C.A. (1998). *The strengths model: Case management with people suffering from severe and persistent mental illness.* New York: Oxford University Press.

國家圖書館出版品預行編目資料

老年優勢基礎照顧管理訓練手冊／Becky Fast, Rosemary
Chapin 著；陳伶珠編譯. -- 初版. --
臺北市：心理, 2004（民 93）
面；　　公分. --（社會工作系列；31017）
參考書目：面
譯自：Strengths-based care management for older adults
ISBN 978-957-702-749-8（平裝）

1. 老人養護　　　2. 長期照護

548.15　　　　　　　　　　　　　　　　　　93022189

社會工作系列 31017

老年優勢基礎照顧管理訓練手冊

作　　　者：Becky Fast & Rosemary Chapin
編 譯 者：陳伶珠
執行編輯：謝玫芳
總 編 輯：林敬堯
發 行 人：洪有義
出 版 者：心理出版社股份有限公司
地　　　址：台北市大安區和平東路一段 180 號 7 樓
總　　　機：(02) 23671490
傳　　　真：(02) 23671457
郵撥帳號：19293172　心理出版社股份有限公司
網　　　址：www.psy.com.tw
電子信箱：psychoco@ms15.hinet.net
駐美代表：Lisa Wu（Tel: 973 546-5845）
登 記 證：局版北市業字第 1372 號
排 版 者：辰皓國際出版製作有限公司
印 刷 者：辰皓國際出版製作有限公司
初版一刷：2004 年 12 月
初版三刷：2012 年 1 月
I S B N：978-957-702-749-8
定　　　價：新台幣 250 元